D1754256

MIX
Papier aus verantwortungsvollen Quellen
Paper from responsible sources
FSC® C105338

Daniel Wörndl

Evaluation von transnationalen Mobilitätsmaßnahmen

Erfassen von individuellen Kompetenzen

Diplomica Verlag GmbH

Wörndl, Daniel: Evaluation von transnationalen Mobilitätsmaßnahmen: Erfassen von individuellen Kompetenzen. Hamburg, Diplomica Verlag GmbH 2013

Buch-ISBN: 978-3-8428-5347-8
PDF-eBook-ISBN: 978-3-8428-0347-3
Druck/Herstellung: Diplomica® Verlag GmbH, Hamburg, 2013

Bibliografische Information der Deutschen Nationalbibliothek:
Die Deutsche Nationalbibliothek verzeichnet diese Publikation in der Deutschen Nationalbibliografie; detaillierte bibliografische Daten sind im Internet über http://dnb.d-nb.de abrufbar.

Das Werk einschließlich aller seiner Teile ist urheberrechtlich geschützt. Jede Verwertung außerhalb der Grenzen des Urheberrechtsgesetzes ist ohne Zustimmung des Verlages unzulässig und strafbar. Dies gilt insbesondere für Vervielfältigungen, Übersetzungen, Mikroverfilmungen und die Einspeicherung und Bearbeitung in elektronischen Systemen.

Die Wiedergabe von Gebrauchsnamen, Handelsnamen, Warenbezeichnungen usw. in diesem Werk berechtigt auch ohne besondere Kennzeichnung nicht zu der Annahme, dass solche Namen im Sinne der Warenzeichen- und Markenschutz-Gesetzgebung als frei zu betrachten wären und daher von jedermann benutzt werden dürften.

Die Informationen in diesem Werk wurden mit Sorgfalt erarbeitet. Dennoch können Fehler nicht vollständig ausgeschlossen werden und die Diplomica Verlag GmbH, die Autoren oder Übersetzer übernehmen keine juristische Verantwortung oder irgendeine Haftung für evtl. verbliebene fehlerhafte Angaben und deren Folgen.

Alle Rechte vorbehalten

© Diplomica Verlag GmbH
Hermannstal 119k, 22119 Hamburg
http://www.diplomica-verlag.de, Hamburg 2013
Printed in Germany

Inhaltsverzeichnis

1 Einleitung 1
   1.1 Untersuchungsinteresse 1
   1.2 Struktur der Studie 3

2 Transnationale Mobilitätsmaßnahmen zur Förderung von Kompetenzen 5
   2.1 Begriffsbestimmung transnationaler Mobilität und Mobilitätsmaßnahmen 5
   2.2 Zielsetzungen von Mobilitätsmaßnahmen 7
   2.3 Übergeordnete Interessen, durch transnationale Mobilität Kompetenzsteigerungen zu erzielen 11
      2.3.1 Politische Verankerung sowie strukturelle Ansätze zur Unterstützung von Mobilität 12
      2.3.2 Nationale und internationale Mobilitätsprogramme 15

3 Das Kompetenzverständnis und die Kompetenzausrichtung 19
   3.1 Die kognitionsorientierte Auffassung von Kompetenz 20
   3.2 Die handlungsorientierte Auffassung von Kompetenz 21
   3.3 Operationalisierung des Kompetenzverständnisses 23
   3.4 Kompetenzen im internationalen Kontext 25
   3.5 Untersuchung der Zielsetzungen von Mobilitätsmaßnahmen auf ihre Kompetenzorientierung 31

4 Evaluation von Kompetenzen 35
   4.1 Begriffserläuterung von Evaluation 35
   4.2 Evaluationsziele 36
   4.3 Evaluationsansätze und Vorgehensweisen 39
   4.4 Allgemeine Methoden und Instrumente zur Evaluation 42
      4.4.1 Methoden und Instrumente in der Kompetenzmessung 44
      4.4.2 Methoden und Instrumente in ausgewählten Evaluationen von Mobilitätsmaßnahmen 47

4.5 Kritik der betrachteten Evaluationen und weiterführende Verbesserungsmöglichkeiten 50

5 Das Evaluationskonzept 55

    5.1 Konzeptansatz 55

    5.2 Methodisches Vorgehen 58

    5.3 Aspekte der Organisation 61

    5.4 Kritische Betrachtung und Schwierigkeiten 65

6 Fazit und Ausblick 67

7 Literaturverzeichnis 69

Abbildungsverzeichnis

Abbildung 1: Internationale Kompetenzen 30

Abbildung 2: Ziele der Evaluation 37

Abbildung 3: Evaluationsziele für das Konzept 38

Abbildung 4: Evaluationskonzeptansatz 56

Abbildung 5: Evaluationskonzept-Leitfaden 64

Anhangsverzeichnis

Anhang 1: „Kann-Beschreibungen" von Kompass 81

Anhang 2: "Common Framework for Europe Competence" 83

Abkürzungsverzeichnis

AEROVET	Identification of sector-related qualifications according to common demands of being employed by enterprises of the European Aeronautic and Space Industry
ASCOT	Technology-based Assessment of Skills and Competencies in Vocational Education and Training (Technologie-orientierte Kompetenzmessung in der beruflichen Bildung)
BAND	Bilaterales Austauschprogramm Niederlande - Deutschland
BIBB	Bundesinstitut für Berufsbildung
BMBF	Bundesministerium für Bildung und Forschung
BMWi	Bundesministerium für Wirtschaft und Technologie
CEDEFOP	Centre Européen pour le Développement de la Formation Professionnelle (Europäisches Zentrum für die Förderung der Berufsbildung)
CEFR	Common European Framework of Reference for Languages
CFEC	Common Framework for Europe Competence
COMETT	Community Program for Education and Training in Technology
CREDCHEM	Entwicklung und Erprobung eines Credit-Transfer-Systems zur Verbesserung der Mobilität im Chemiesektor
DeSeCo	Definition and Selection of Competencies
DISCO	European Dictionary of Skills and Competences
DQR	Deutscher Qualifikationsrahmen
ECVET	European Credit System for Vocational Education and Training (Europäisches Leistungspunktesystem für die Berufsbildung)
EIO	European and International Orientation
EQR	Europäischer Qualifikationsrahmen
EQUAL	Gemeinschaftsinitiative zur Förderung der Beschäftigungsfähigkeit und Chancengleichheit für alle Menschen am Arbeitsmarkt
ERASMUS	European Community Action Scheme for the Mobility of University Students
ESCO	European Skills, Competences and Occupations taxonomy
ESF	Europäische Sozialfonds
EU	Europäische Union

EUROFORM	Gemeinschaftsinitiative Neue Berufsqualifikationen, Fachkenntnisse und Beschäftigungsmöglichkeiten
EUROTECNET	European Technical Network
FORCE	Formation Continue en Europe (EU-Aktionsprogramm zur Förderung der beruflichen Weiterbildung)
GIZ	Deutsche Gesellschaft für internationale Zusammenarbeit
GJØR DET	Bilaterales Austauschprogramm Norwegen - Deutschland
IBS	Informationsstelle für Praxiserfahrung im Ausland
INTERREG	Interregional Cooperation Programme
IRIS	Europäisches Netzwerk von Ausbildungsmaßnahmen für Frauen
IRT	Item-Response-Theorie
KKR	Kasseler-Kompetenz-Raster
KMK	Kultusministerkonferenz
LINGUA	Programm zur Förderung der fremdsprachlichen Ausbildung in der Europäischen Gemeinschaft
MOVET	Modules for Vocational Education and Training for Competences in Europe
NOW	Gemeinschaftsinitiative der EU zur Förderung der Chancengleichheit für Frauen im Bereich Beschäftigung und Berufsausbildung
OECD	Organisation for Economic Co-operation and Development
PETRA	Community Action Programme on the Vocational Training of Young People and their Preparation for Adult and Working Life
PIRLS	Progress in International Reading Literacy Study
PISA	Programme for International Student Assessment
PLL	EU-Bildungsprogramm für lebenslanges Lernen
SESAM	Stages Européens en Alternance dans les Métiers (Europäisches Mobilitätsprogramm für Handwerksgesellen und -meister)
SME MASTER Plus	Skilled-Mobile-European MASTER Plus
TIMSS	Trends in International Mathematics and Science Study
TRAINING BRIDGE	Bilaterales Austauschprogramm Großbritannien - Deutschland
VET	Vocational Education and Training
WSF	Wirtschafts- und Sozialforschung

1 Einleitung

„Die Fremde ist für jeden Menschen eine Schule der Bildung und der Erfahrungen mannigfacher Art, und für den Handwerker und Gewerbsmann um so unerlässlicher, als er nur durch eigene Anschauung fremder Zustände und Verhältnisse mit dem ihm bekannten anzustellen und daraus eine richtige Erkenntnis des Wahren, Schönen und Nützlichen zu schöpfen, sich als Mensch und Gewerbsmann zugleich auszubilden vermag."[1]

Dieser Auszug aus dem „Entwurf einer allgemeinen Handwerker- und Gewerbeordnung" zeigt, dass bereits seit über 150 Jahren der Gedanke, individuelle Kompetenzen durch transnationale Mobilität zu fördern und zu entwickeln, Verankerung in unserer Gesellschaft findet. Die Annahme, dass transnationale Mobilität Effekte auf die individuelle Kompetenzentwicklung haben kann, scheint daher unbestritten. Aber wie können diese Wirkungen evaluiert werden? An dieser Frage setzt die vorliegende Studie an.

1.1 Untersuchungsinteresse

Demografischer Wandel, Globalisierung, ein Mangel an qualifizierten Auszubildenden und Fachkräften sowie eine „Europa 2020"-Strategie[2] mit dem Ziel eines intelligenten, nachhaltigen und integrativen Wachstums liefern die Grundlage für das heutige große Interesse an transnationaler Mobilität. Vor allem der Bereich der beruflichen Bildung erfährt hier große Aufmerksamkeit und wird unter anderem durch Mobilitätsprogramme der Europäischen Union (EU) und bilaterale Austauschprogramme gefördert. Im Vordergrund steht hierbei die Aneignung neuer Fähigkeiten und Kompetenzen, einerseits für die persönliche Entwicklung, aber vor allem auch damit die Menschen bestmöglich auf die Anforderungen reagieren können, die eine sich ständig verändernde internationale Arbeitswelt mit sich bringt.[3] Bei so viel Interesse und initiierten Maßnahmen stellt sich die Frage, ob und welche Wirkungen auf die Kompetenzen der Teilnehmer[4] durch die jeweilige Maßnahme verzeichnet werden können und wie diese zu messen sind.

---

[1] Deutscher Handwerker- und Gewerbe-Kongress (1848), S. 12.
[2] Vgl. Europäischer Rat (2010), S. 2.
[3] Vgl. Europäische Kommission (2009), S. 2.
[4] Aus Gründen der flüssigeren Lesbarkeit wird in dieser Studie nur die männliche Form von personenbezogenen Substantiven verwendet, auch wenn im Kontext sowohl Männer als auch Frauen gemeint sind. Nur wenn es sich ausschließlich um weibliche Personen handelt, wird die entsprechende weibliche Form benutzt.

Um die Wirkungen von transnationalen Mobilitätsmaßnahmen auf die Kompetenzen zu analysieren, wurden umfassende Studien in Auftrag gegeben.[5] Diese sollen unter anderem Aspekte wie Strukturvariablen (z.B. die Zertifizierung der Maßnahme, die Ausstattung am Arbeitsplatz), organisatorische Parameter (z.B. Betreuung vor, während und nach der Maßnahme) sowie die Programmeffizienz allgemein (z.B. mit einem Kosten-Nutzen-Vergleich) evaluieren. Doch der eigentliche Kern, der die Zielsetzungen und Begründungen der Maßnahmen ausmacht, nämlich die Kompetenzentwicklung der Teilnehmer, findet in den Programmevaluationen nur unzureichend Betrachtung.[6] Die individuellen Kompetenzen der Teilnehmer sollen gefördert und (weiter)entwickelt werden, doch die Analyse eben dieser Wirkungen beschränkt sich auch im methodischen Bereich fast ausschließlich auf Selbsteinschätzungen der Teilnehmer über ihre Kompetenzentwicklung nach Abschluss der Mobilitätsmaßnahme.[7] Hinzukommt, dass alleine 38 % aller Mobilitätsprojekte privat organisiert werden und allein aus diesem Grund nicht in den Programmevaluationen berücksichtigt werden.[8]

An diesem Punkt ansetzend soll im Rahmen dieser Studie ein Evaluationskonzept für die Wirkungsanalyse der individuellen Kompetenzentwicklung durch die Teilnahme an transnationalen Mobilitätsmaßnahmen entwickelt werden. Dieses Konzept ist dazu gedacht, allen Akteuren, welche sich mit transnationalen Mobilitätsmaßnahmen beschäftigen oder auseinandersetzen, z.B. Ausbilder in den Betrieben, Lehrer in den Schulen oder Projektleiter in den verschiedenen Kammern, eine Hilfestellung bei der Herangehensweise an die Evaluation zur Analyse der Effekte auf die Kompetenzentwicklung zu bieten. Es umfasst Überlegungen bezüglich des Evaluationszeitpunktes genauso wie Vorschläge zum methodischen Vorgehen und zur Verwendung von Evaluationsinstrumenten. Im Mittelpunkt des Konzeptes steht dabei die Erfassung der Wirkungen.

Für die große Anzahl privat organisierter Mobilitätsprojekte ohne vorhandene Evaluationsstruktur kann aus diesem Konzept ein Nutzen gezogen werden. Aber auch für die von der EU oder vom Bundesministerium für Bildung und Forschung (BMBF) finanzierten Mobilitätsprogramme könnte dies, im Hinblick auf in Zukunft wünschenswert durchzuführenden Evaluationen mit Fokus auf die individuelle Kompetenzentwicklung der Teilnehmer eine Unterstützung darstellen.

---

[5] Vgl. exemplarisch: Busse & Fahle (1998), Neugebauer (2005) und WSF (2007).
[6] Vgl. exemplarisch: Busse & Fahle (1998), Neugebauer (2005) und WSF (2007).
[7] Vgl. exemplarisch: Busse & Fahle (1998), Neugebauer (2005) und WSF (2007).
[8] Vgl. Friedrich & Körbel (2011), S. 15.

1.2 Struktur der Studie

Im Folgenden wird dargelegt, wie sich der strukturelle Aufbau dieser Studie gliedert und welche Schritte notwendig sind, um sich sukzessive dem Kern des Themas anzunähern und ein Evaluationskonzept zu entwickeln.

Zunächst werde ich mich der Frage widmen, worin das vorherrschende Interesse an transnationaler Mobilität begründet liegt. Neben der vorzunehmenden Eingrenzung des Begriffs Mobilität für das einheitliche Verständnis in dieser Studie, gilt es, die Ziele der Mobilitätsmaßnahmen sowie die politischen und wirtschaftlichen Bestrebungen, um diese zu erreichen und umzusetzen, zu untersuchen. Die Betrachtung der politischen Verankerung der Mobilitätsbestrebungen, wie sie z.B. auf nationaler Ebene durch die Novellierung des Berufsbildungsgesetzes[9] erfolgt, spielt hier ebenso eine Rolle wie die Analyse der Mobilitätsprogramme selbst, allen voran das bedeutende Förderprogramm „Leonardo-da-Vinci"[10]. Zudem sind diverse Ansätze auf nationaler und europäischer Ebene zur Unterstützung transnationaler Mobilität anzuführen, wie z.B. das „Europäische Leistungspunktesysteme für die Berufsbildung" (ECVET)[11] zur Anerkennung absolvierter Lerneinheiten im Ausland, der „Europäische Qualifikationsrahmen" (EQR)[12] und der „Deutsche Qualifikationsrahmen" (DQR)[13] als Rahmenwerke zur Vergleichbarkeit der Qualifikationen sowie auch Zertifizierungsinstrumente wie z.B. der „Europass Mobilität"[14]. Dies soll in Kapitel 2 näher erläutert werden.

Das darauffolgende Kapitel 3 behandelt das übergreifende Thema der Kompetenzen. Zuerst wird definiert, was hier genau als Kompetenz gelten soll. Da der Begriff sich einer bunten Bedeutungsvielfalt erfreut und sich die Begriffsauffassung aufgrund verschiedener theoretischer Ansätze aus unterschiedlichen Disziplinen sehr divergent ausgestalten kann, wird zu Beginn des Kapitels auf zwei entscheidende unterschiedliche Richtungen,[15] die handlungsorientierte und die kognitionsorientierte, eingegangen, um ableitend ein für diese Studie geltendes Verständnis von Kompetenz darzustellen. Ein besonderer Fokus wird anschließend auf die im transnationalen Kontext zu betrachtenden Kompetenzen gelegt, wie z.B. internationale Kompetenzen, Europakompetenz und speziell die interkulturelle Kompetenz. Auch hier

---
[9] Vgl. BMBF (2007), S. 4.
[10] Vgl. http://www.lebenslanges-lernen.eu/leonardo_da_vinci_4.html.
[11] Vgl. Europäisches Parlament und Rat (2009) sowie unter: http://ec.europa.eu/education/lifelong-learning-policy/ecvet_de.htm und unter: http://www.ecvet-info.de.
[12] Vgl. Europäisches Parlament und Rat (2008) sowie unter: http://ec.europa.eu/education/lifelong-learning-policy/eqf_de.htm.
[13] Vgl. http://www.deutscherqualifikationsrahmen.de.
[14] Der Europass Mobilität ist ein Dokument zum Nachweis von Lernaufenthalten jeglicher Art im europäischen Ausland. Dokumentiert werden Lernerfahrungen jeder Art, jeden Niveaus und jeder Zielsetzung. Vgl. http://www.europass-info.de.
[15] Vgl. Heyse & Erpenbeck (2009), S. XVII.

herrscht eine große Uneinheitlichkeit bei der Verwendung der Begriffe, da diese teils als Synonyme gebraucht, teils einander untergeordnet werden. Zum Abschluss des Kapitels kann dann eine Schlüsselfrage für den weiteren Verlauf der Studie beantwortet werden, nämlich welche Kompetenzorientierungen in den Zielsetzungen der transnationalen Mobilitätsprogramme auszumachen sind.

Im folgenden Kapitel 4 werde ich einige Aspekte der Evaluation durchleuchten. Untersucht werden die Ziele und Ansätze von Evaluationen, die entsprechend auf die hier im Mittelpunkt stehende Evaluation von Kompetenzen transferiert werden. Einer genaueren Analyse bedürfen die gängigen Verfahrensweisen bei der Messung von Kompetenzen, um daran anschließend zu untersuchen, in welchem Umfang und mit welchen Methoden und Verfahrensweisen bei den vorliegenden Programmevaluationen[16] die Kompetenzentwicklung erfasst wurde. Daran anknüpfend werden die Kritik sowie erweiternde Ansatzmöglichkeiten für die Feststellung der Wirkungen auf die individuelle Kompetenzentwicklung erörtert.

Die daraus gewonnenen Erkenntnisse dienen der Entwicklung des Evaluationskonzepts in Kapitel 5. Hier werden die relevanten Aspekte analysiert, entsprechend dem Vorhaben, mit dem Konzept interessierten Akteuren einen Leitfaden zur Ermittlung der Kompetenzentwicklung bei den Teilnehmern transnationaler Mobilitätsmaßnahmen an die Hand zu geben. Der Darlegung der zu verfolgenden Evaluationsansätze und deren Ausprägungen schließen sich Überlegungen zu den einzusetzenden Evaluationsmethoden und Verfahren mit den jeweils dazu passenden Instrumenten an. Zudem werden wichtige organisatorische Aspekte zur Durchführung und Auswertung diskutiert, wie z.B. zu welchen Zeitpunkten eine Erhebung stattfinden sollte, welche Mittel und Ressourcen hierfür benötigt werden und welche Voraussetzungen für die entsprechende Auswertung gegeben sein müssen. Auch Fragen zur Legitimation solcher Evaluationsvorhaben werden erörtert, da die Entscheidung z.B. für eine Methode nicht nur von den aufgezeigten Möglichkeiten sondern auch von den Eigenschaften und der Struktur der jeweiligen Programme abhängig ist.

Nach einer kritischen Betrachtung des vorgestellten Konzepts, in der auf mögliche Schwierigkeiten hingewiesen wird, bietet das Fazit in Kapitel 6 einen Ausblick auf mögliche Anknüpfungspunkte und weitere erforderliche Forschungsvorgehen.

---

[16] Vgl. exemplarisch: Busse & Fahle (1998), Neugebauer (2005) und WSF (2007).

2 Transnationale Mobilitätsmaßnahmen zur Förderung von Kompetenzen

In einer zunehmend globalisierten Arbeitswelt wird mehr Flexibilität und eine höhere Anpassungsfähigkeit an neue Arbeitssituationen mitunter auch durch die sich ständig weiterentwickelnde Technik am Arbeitsplatz verlangt, genauso sind häufige Jobwechsel nichts Ungewöhnliches.[17] Diese Veränderungen machen eine höhere Mobilitätsbereitschaft unabdingbar. Vor allem bei Auszubildenden, die mittlerweile nicht mehr auf die traditionelle Arbeitnehmerlaufbahn mit Vollzeitbeschäftigung hoffen können, steigt die Bedeutung der Mobilitätsbereitschaft.[18] Durch die Teilnahme an transnationalen Mobilitätsmaßnahmen sollen die individuellen Kompetenzen gefördert und entwickelt werden, um entsprechend auf die Veränderungen reagieren zu können.[19]

Um diese und weitere zu analysierenden Zielsetzungen von transnationaler Mobilität eingehender betrachten zu können, werden zunächst die weitfassenden Begriffe Mobilität sowie Mobilitätsmaßnahme abgegrenzt und definiert. Des Weiteren wird das wirtschaftliche und politische Interesse, dessen Bestrebungen sowie die Maßnahmen, durch transnationale Mobilität die Kompetenzen zu steigern, untersucht.

2.1 Begriffsbestimmung transnationaler Mobilität und Mobilitätsmaßnahmen

Der Begriff „Mobilität" bedeutet Beweglichkeit und wurde im 18. Jahrhundert aus dem Französischen von dem Adjektiv *mobile* entlehnt, wo es zuerst in der Militärsprache für marsch- und einsatzbereit verwendet wurde.[20]

Beyer beschreibt in seinem Personallexikon die Mobilität von Arbeitnehmern als „die Bereitschaft, Arbeitgeber, Wohnort oder den Beruf zu wechseln."[21] Hiermit werden sowohl die berufliche Mobilität wie auch die geografische Mobilität angesprochen.[22] Beiden Dimensionen können wiederum eine Reihe von Ausprägungen zugeordnet werden. Otto subsumiert unter der beruflichen Mobilität zum einen die vertikale Mobilität, welche den beruflichen Auf- und Abstieg bezeichnet und aufgrund des Einhergehens mit sozialem Auf- und Abstieg oft auch synonym als soziale Mobilität benannt wird. Zum anderen wird die horizontale Mobilität hie-

---

[17] Vgl. Wordelmann (2010), S. 7 sowie Otto (2004), S. X.
[18] Vgl. Otto (2004), S. X.
[19] Vgl. Europäische Kommission (2009), S. 2.
[20] Vgl. Wermke et al. (2007), S. 534.
[21] Beyer (1990), S. 228.
[22] Vgl. Otto (2004), S. 11ff.

runter gefasst, worunter der Berufswechsel zu verstehen ist. Der Arbeitgeberwechsel ist ein weiterer Aspekt der beruflichen Mobilität, der sowohl horizontale wie vertikale Formen annehmen kann. Die geographische Mobilität bezeichnet allgemein die Bereitschaft zum Ortswechsel. Dieser kann sowohl regional, national wie auch transnational sein und kurz- sowie langfristige Perspektiven aufweisen.[23] Im Kontext dieser Studie ist besonders die transnationale Mobilität relevant, welche hier im Sinne der von Krichewsky beschriebenen internationalen Mobilität als „grenzüberschreitende, zeitlich begrenzte geographische Mobilität zu Bildungszwecken von Lernenden in der Berufsbildung"[24] verstanden wird.

Auch wenn für die vorliegende Studie der Fokus auf der transnationalen Mobilität liegt, soll angemerkt werden, dass transnationale Mobilität auch positive Auswirkungen auf die soziale Mobilität haben kann und somit Aspekte der beruflichen Mobilität tangiert werden.[25]

Eine geographische Mobilitätsbereitschaft stellt die Grundvoraussetzung für das Zustandekommen von transnationaler Mobilität dar. Eine tatsächlich realisierte Mobilität hängt jedoch nicht nur von der Mobilitätsbereitschaft ab, also der positiven Einstellung des Teilnehmers zur Mobilität, sowie vom Mobilitätserfordernis, also einem existierendem Anreiz, sondern auch von der Mobilitätsfähigkeit, die besagt, ob die Person aufgrund seiner verfügbaren maßgeblich finanziellen Ressourcen in der Lage ist, die geographische Mobilität zu realisieren.[26] Diverse Mobilitätsprogramme, die im weiteren Verlauf dieser Studie noch genauer beschrieben werden, setzen mit ihren finanziellen Fördermitteln bei der Mobilitätsfähigkeit an, um z.B. mobilitätsbereiten Auszubildenden die Teilnahme zu erleichtern bzw. erst zu ermöglichen und um insgesamt einen Mobilitätsanreiz zu setzen, um somit dem gesteckten Ziel der Erhöhung von transnationaler Ausbildungsmobilität näher zu kommen. Der Anteil aller Auszubildenden im dualen System und der Berufsfachschüler, die in der Erstausbildung an Mobilitätsmaßnahmen teilnehmen, liegt laut einer Studie von Friedrich & Körbel bei 3%[27], von denen 38% privat oder betriebsintern organisiert werden.[28]

Da ein Großteil der Programme und Maßnahmen im Bereich der Berufsbildung ansetzt, beziehen sich die weiteren Ausführungen zu den transnationalen Mobilitätsmaßnahmen somit hierauf. Unter dem Begriff Mobilitätsmaßnahme werden privat und betrieblich organisierten Mobilitätsprojekte, die politischen Mobilitätsprogramme sowie weitere Mobilitätsprojekte

---

[23] Vgl. Otto (2004), S. 11ff.
[24] Krichewsky (2011), S. 30.
[25] Vgl. Frommberger (2009), S. 118.
[26] Vgl. Otto (2004), S. 13.
[27] Bezogen auf den Durchschnitt der Jahre 2007 bis 2009.
[28] Vgl. Friedrich & Körbel (2011), S. 9 und S. 15.

wie z.B. Auslandspraktika während der Berufsausbildung subsumiert. Die Begriffsvielfalt hierfür ist reichlich, so versuchen Diettrich & Frommberger statt Auslandspraktika den Begriff „Berufsqualifizierende Praxisaufenthalte im Ausland" (BPA) zu etablieren.[29] Heimann spricht von interkultureller Bildungsaktivität, unter der sie die pädagogischen Aktivitäten im Rahmen internationaler und interkultureller Kooperation zusammenfasst.[30] Zur Ausgestaltung solcher Auslandsaufenthalte schreibt Kristensen, dass diese für Lernzwecke organisierten Aufenthalte sowohl kurz- wie auch langfristig, in öffentlichen Einrichtungen oder privaten Unternehmen, sowie bezahlt oder unbezahlt sein können.[31] Eine Vereinheitlichung der Begriffe sowie eine Typologie der stark variierenden Ausgestaltungsformen und Inhalte von Auslandsaufenthalten stehen noch aus.[32] Wordelmann sieht noch großen Bedarf in der Ausweitung der Forschung transnationaler Mobilität, vor allem mit Blick auf den Einbezug des komplexen Lernprozesses und der Aufbereitung der dazugehörigen Daten.[33]

Zusammenfassend ist festzuhalten, dass hier unter transnationalen Mobilitätsmaßnahmen die Maßnahmen, Programme sowie Projekte und Aufenthalte von Lernenden in der Berufsbildung im Sinne der zuvor definierten transnationalen Mobilität verstanden werden.

2.2 Zielsetzungen von Mobilitätsmaßnahmen

In diesem Abschnitt werde ich mittels Analyse von Forschungsliteratur und durchgeführten Mobilitätsprogrammen darlegen, welche Zielsetzungen sich hinter den Mobilitätsmaßnahmen verbergen. Die anvisierten Ziele von transnationalen Mobilitätsmaßnahmen sind divergent und keineswegs einheitlich.[34] Unterschiede und unterschiedliche Schwerpunktsetzungen bestehen, je nachdem wer die Maßnahme organisiert. So haben Politik, Nicht-Regierungsorganisationen, privatwirtschaftliche Bildungsträger, Kammern oder Betriebe ein abweichendes Selbstverständnis und eine unterschiedliche Auffassung in Bezug auf ihre Funktion als Bildungsort sowie unterschiedliche Gründe für die Durchführung von solchen Maßnahmen.[35]

Von politischer Seite werden im EU-Grünbuch zur Mobilitätsförderung der Erwerb neuer Fähigkeiten und Kompetenzen als Chancensteigerung auf dem Arbeitsmarkt, die persönliche Entwicklung, der Erwerb von Fremdsprachenkenntnissen sowie interkultureller Kompetenz

---

[29] Vgl. Diettrich & Frommberger (2001), S. 44.
[30] Vgl. Heimann (2010), S. 45.
[31] Vgl. Kristensen (2004), S. 16.
[32] Vgl. Heimann (2010), S. 45.
[33] Vgl. Wordelmann (2009), S. 25.
[34] Vgl. Heimann (2010), S. 53.
[35] Vgl. Heimann (2010), S. 53.

als Ziele formuliert.[36] Zudem werden neben den direkten Zielen bezogen auf die (Weiter-) Entwicklung des Teilnehmers auch ein größeres Verständnis bezüglich der europäischen Identität sowie eine Förderung des europäischen Bürgersinns anvisiert, um gleichzeitig der möglichen Gefahr von in wirtschaftlichen Krisen entstehenden Isolationismus, Fremdenfeindlichkeit und Protektionismus vorzubeugen. Die Verbreitung von Wissen vermag Europas Wettbewerbsfähigkeit zu steigern, und da junge mobile Lernende auch zumeist im späteren Arbeitsleben mobil sind, kann den Zielen der Lissabon-Strategie für Wachstum und Beschäftigung näher gekommen werden.

Ähnliche Ziele können aus den Analysen und Evaluationsberichten zu den Wirkungen der Leonardo-da-Vinci Programme gefolgert werden. So werden auch hier neben den Zielen der individuellen Kompetenzentwicklung und vor allem der Erhöhung der interkulturellen Kompetenz, um den (Wieder-)Einstieg in den Arbeitsmarkt zu fördern, Gemeinschaftsziele formuliert, wie die Innovationssteigerung in der Berufsbildung, die Qualität der Aus- und Weiterbildung, die Förderung eines europäischen Bewusstseins, um Fremdenfeindlichkeit abzubauen, sowie die Unterstützung der Lissabon-Strategie und des Kopenhagen-Prozesses.[37] Um die Zielsetzungen im EU-Programm Leonardo-da-Vinci zu erreichen, werden für die Projekte zwischen der entsendenden und der empfangenden Einrichtung bzw. Betrieb und dem Teilnehmer klare Lernvereinbarungen getroffen, die vor allem auf die beruflichen Aspekte wie zu erlernendes Fachwissen, Sprache, Inhalts- und Aufgabengestaltung und begleitende Maßnahmen sowie die Evaluierung und Bestätigung des Aufenthaltes ausgerichtet sind.[38]

Von Seiten der Industrie- und Handelskammern sowie der Handwerkskammern wird im Rahmen ihres Programms „Ausbildung ohne Grenzen" die Zielformulierung unterschiedlich ausgestaltet, je nachdem an wen sie sich richtet.[39] So stehen bei den Zielen für die Teilnehmer an transnationalen Mobilitätsmaßnahmen deutlich der Erwerb von interkultureller Kompetenz, Fremdsprachenkenntnissen und verbesserte Arbeitsmarktchancen im Vordergrund.[40] Für die Unternehmen werden zudem Ziele wie Aufbau von langfristiger Betriebsbindung der

---

[36] Vgl. Europäische Kommission (2009), S. 2f. und S. 9.
[37] Vgl. WSF (2007), S. 1 und S. 3 sowie ECORYS (2008), S. 15.
[38] Vgl. Wordelmann (2009), S. 23. Eine Vorlage für dieses sogenannte „Learning Agreement" stellt z.B. die Nationale Agentur beim BIBB online zur Verfügung: http://www.na-bibb.de/fileadmin/user_upload/Dokumente/LDV/mob/av/av_2013/av_ecvet_la.pdf.
[39] Vgl. http://www.mobilitaetscoach.de/infos-fuer-unternehmen.html und http://www.mobilitaetscoach.de/infos-fuer-auszubildende.html.
[40] Vgl. http://www.mobilitaetscoach.de/infos-fuer-auszubildende.html.

Auszubildenden, das Knüpfen internationaler Kontakte sowie die Darstellung als attraktiver Arbeitgeber aufgeführt.[41]

Aus betrieblicher Sicht werden neben der Steigerung der Selbstständigkeit auch die Motivationssteigerung bei Auszubildenden sowie die Belohnung stark motivierter Auszubildender als Ziele oder eher als Grund für die Durchführung transnationaler Mobilitätsmaßnahmen angeführt, welche sogar einen höheren Stellenwert erhalten als z.B. die Verbesserung der Fremdsprachenkompetenz.[42] Anzumerken sei aber auch, dass bei Betrieben oftmals die Zielformulierung nicht genug konkretisiert wird und dadurch etwas diffus ausfällt.[43]

Die Zielsetzungen von bilateralen Austauschprogrammen, wie sie z.B. in der beruflichen Bildung zwischen Deutschland und Frankreich, Großbritannien und den Niederlanden stattfinden, fokussieren sich auch aufgrund ihrer Maßgabe des gegenseitigen Austausches und des hohen Ausbildungsbezuges besonders auf den Erwerb von Fachkompetenz.[44] Neben der internationalen Qualifizierungsbestrebung und der Verbesserung von Aufstiegsmöglichkeiten werden die Persönlichkeitsbildung, Fremdsprachenkenntnisse und Schlüsselqualifikationen angeführt. Auch die Gewinnung der beteiligten Partnereinrichtungen für eine weitere internationale Zusammenarbeit und das Kennenlernen von anderen Ausbildungssystemen zur Innovationsanregung und Qualitätsverbesserung werden als Ziele genannt, wobei insgesamt noch eine klarere Zielformulierung dieser Programme gefordert wird.[45]

In den analysierten Zielsetzungen findet sich mit unterschiedlicher Schwerpunktsetzung die gleiche Richtung wieder, die sich zusammenfassend in den von Kristensen analysierten Zielsetzungen in der Praxis verorten lässt. Kristensen verwendet in seiner Studie „Learning by Leaving" zur Rekonstruktion der Zielsetzungen von transnationalen Mobilitätsmaßnahmen eine spezielle Methodik aus dem Feld des Sozial-Konstruktivismus, die Diskursanalyse.[46] Durch diese Analyse von verschiedenen Positionspapieren, themenverwandten Texten sowie Dokumenten von Veranstaltern und fördernden Institutionen, welche sich auf einen europäischen Kontext beziehen und somit über eine rein nationale Betrachtung hinausgehen, stellt er vier verschiedene Diskurse über Ziele der transnationalen Mobilitätsmaßnahmen heraus:

---

[41] Vgl. http://www.mobilitaetscoach.de/infos-fuer-unternehmen.html.
[42] Vgl. Friedrich & Körbel (2011), S. 76.
[43] Vgl. Barthold (2010), S. 126.
[44] Vgl. Neugebauer (2005), S. 2ff.
[45] Vgl. Neugebauer (2005), S. 2ff.
[46] Vgl. Kristensen (2004), S. 40f.

I. Interkulturelle Verständigung[47]

Im Mittelpunkt steht das friedliche Zusammenleben in Europa und der Welt sowie die Entwicklung eines Gemeinschaftsinns als Europäer im Gegensatz zu streng nationalistischen Anschauungen. Die zugrundeliegende Idee dieses interkulturellen Zusammentreffens ist die „Kontakt-Hypothese", welche Thomas wie folgt zusammenfasst: „Zunehmende Interaktion der Gruppenmitglieder führen zu vermehrten und differenzierteren gegenseitigen Kenntnissen. Dies erhöht die erlebte Ähnlichkeit und intensiviert Gefühle gegenseitiger Sympathie, wodurch bestehende Vorurteile abgebaut werden"[48]. Dieser Diskurs findet sich vor allem im internationalen Jugendaustausch, wie z.B. des Deutsch-Französischen Jugendwerks und des American Field Service.[49]

II. Förderung von Arbeitskräftemobilität[50]

Der Diskurs sieht transnationale Mobilitätsmaßnahmen als das Lernen, in einem anderen Land zu leben und zu arbeiten sowie als die Entwicklung der Bereitschaft über Ländergrenzen hinweg mobil zu sein und dadurch den Fachkräftemangel in anderen Mitgliedstaaten der EU auszugleichen. Die transnationale Mobilitätsmaßnahme wird hierbei als „work experience" verstanden.

III. Internationalisierung der Berufsbildung[51]

Mobilitätsmaßnahmen werden hier als Antwort auf die Globalisierung gesehen. Einerseits ermöglichen die Maßnahmen den zukünftigen Arbeitskräften, Fremdsprachenkenntnisse und interkulturelle Kompetenz zu erwerben, um entsprechend auf die internationalisierten Bedingungen am Arbeitsplatz adäquat reagieren zu können. Dieses wird als inhaltlicher Teil des Diskurses deklariert. Als systemischer Teil gilt, dass andererseits auf temporäre Engpässe, z.B. mangelnde Ausbildungsplatzkapazitäten reagiert werden kann und Auszubildende ermutigt werden, einen Teil ihrer Ausbildung in einem anderen Land zu absolvieren.

IV. Erwerb von „Employability"[52]

Die Begründung dieses Diskurses liegt in der Verwendung von transnationalen Mobilitätsmaßnahmen als didaktisches Werkzeug, um die Teilnehmer mit sogenannten Schlüsselqualifikationen auszustatten, damit sie bestmöglich auf die permanenten Veränderungen in der Arbeitswelt, hervorgerufen durch Globalisierung und den technischen Wandel, reagieren kön-

---

[47] Vgl. Kristensen (2004), S. 45ff.
[48] Thomas (1994), S. 228.
[49] Vgl. Kristensen (2004), S. 45ff.
[50] Vgl. Kristensen (2004), S. 53ff.
[51] Vgl. Kristensen (2004), S. 60ff.
[52] Vgl. Kristensen (2004), S. 66ff.

nen. Unter der Förderung von Beschäftigungsfähigkeit werden z.B. personale Kompetenzen wie Flexibilität, Eigenständigkeit und Anpassungsfähigkeit subsumiert.

Eng verknüpft mit den analysierten Zielen sind bestimmte pädagogische Bedingungen, um die Ziele auch erfolgreich umsetzen zu können. So sollte eine Mobilitätsmaßnahme eine sprachliche, pädagogische und psychologische Vorbereitung, eine pädagogische Begleitung während des Aufenthalts sowie eine entsprechende Nachbereitung beinhalten.[53]

Auf diese Übersicht wird in Kapitel 3.4 zurückgegriffen, um zu untersuchen, welche Ausrichtungen auf die individuelle Kompetenzentwicklung sich hier ausfindig machen lassen. Zuvor erfolgt jedoch im nächsten Kapitel eine Analyse der wirtschaftlichen und politischen Interessen an transnationaler Mobilität.

2.3 Übergeordnete Interessen, durch transnationale Mobilität Kompetenzsteigerungen zu erzielen

Wie aus dem zu Beginn zitierten Auszug der Handwerker- und Gewerbeordnung von 1848 ersichtlich wird, wird die Notwendigkeit, durch transnationale Mobilität die Kompetenzentwicklung zu fördern, in einigen Berufsfeldern bereits seit langem gesehen. Doch abgesehen von den darin angesprochenen fahrenden Gesellen, deren Tradition noch weiter bis ins Mittelalter zurückgeht, ist die transnationale Mobilität in der Berufsbildung ein junges Phänomen.[54]

Die Konfrontation der Arbeitnehmer mit zunehmend internationalen Aufgabenstellungen und Arbeitsbedingungen, vor allem seit Verwirklichung des europäischen Binnenmarkts[55] 1993 und aufgrund der rasanten Weiterentwicklung von Informations- und Kommunikationstechnologien, führt zur Erhöhung des Stellenwerts von international qualifizierender Berufsbildung.[56] Jedoch können die für den internationalen Kontext wichtigen Kompetenzen nur bedingt in bekannten Lehr-Lernarrangements wie Berufsschulunterricht, Seminaren oder Trainings, bei denen das kognitive Verstehen im Vordergrund steht, herausgebildet werden.[57] Eine praktische Erfahrung in Form einer Teilnahme an transnationalen Mobilitätsmaßnahmen ist daher für deren Entwicklung ausschlaggebend.[58]

---

[53] Vgl. Wordelmann (2009), S. 7.
[54] Vgl. Kristensen (1998), S. 279.
[55] Vgl. http://ec.europa.eu/internal_market/top_layer/historical_overview/index_de.htm.
[56] Vgl. Borch & Wordelmann (2001), S. 5ff.
[57] Vgl. Heimann (2010), S. 23.
[58] Vgl. Diettrich & Frommberger (2001), S. 44f. und Kristensen (2004), S. 67.

Um solche praktischen Erfahrungen möglich zu machen und zu unterstützen, wurde die Förderung transnationaler Mobilität bildungspolitisch verankert und eine ganze Reihe von Mobilitätsprogrammen ins Leben gerufen. Hierauf wird im Folgenden eingegangen.

2.3.1 Politische Verankerung sowie strukturelle Ansätze zur Unterstützung von Mobilität

Um die internationalen Kompetenzen der zukünftigen Arbeitnehmer und somit ihre Mobilität und Flexibilität zu erhöhen, fordert und fördert die EU seit Jahren transnationale Mobilitätsprojekte. Bereits 1957 wurde im Gründungsvertrag der Europäischen Wirtschaftsgemeinschaft in Artikel 50 festgeschrieben, dass durch die Mitgliedstaaten der Austausch junger Arbeitskräfte im Rahmen eines gemeinsamen Programms zu fördern ist.[59] 1999 wurde dann auf nationaler Ebene mit der Bund-Länder-Vereinbarung zur „Teilnahme von Berufsschülern/Berufsschülerinnen an Austauschmaßnahmen mit dem Ausland" ein wichtiger Schritt in Richtung transnationale Mobilitätsförderung getan, um somit Teilnehmern die Fundierung ihrer Fremdsprachenkenntnisse sowie den Erwerb interkultureller Kompetenzen zu ermöglichen.[60]

Auf europäischer Ebene liegt mit der Lissabonner Erklärung der EU-Staats- und Regierungschefs vom März 2000 eine Absichtserklärung vor, innerhalb der nächsten 10 Jahre die EU zum wettbewerbsstärksten und dynamischsten Wirtschaftsgebiet weltweit zu avancieren, wobei die Bildung und Ausbildung eine zentrale Rolle einnimmt und das Voranbringen von transnationaler Mobilität gefordert wird.[61]

Einen weiteren wichtigen politischen Anstoß gab das Treffen der Generaldirektoren der beruflichen Bildung in Brügge 2001 sowie die Unterzeichnung der „Kopenhagener Deklaration" im Dezember 2002.[62] Ein Hauptziel dieses Brügge-Kopenhagen-Prozesses ist die Förderung der Mobilität sowie des lebenslangen Lernens, um der Bedeutung von Mobilität in einem gemeinsamen Europa Ausdruck zu verleihen.[63] Im „Strategischen Rahmen 2020" wurde basierend auf eine globale Vision für die berufliche Bildung die Verwirklichung von Mobilität zu Lern- und Ausbildungszwecken als eines der vier grundlegenden Ziele festgelegt.[64]

---

[59] Vgl. Treaty establishing „The European Economic Community" (1957), S. 52.
[60] Vgl. KMK (1999), S. 1.
[61] Vgl. Borch & Wordelmann (2001), S. 8.
[62] Vgl. http://ec.europa.eu/education/pdf/doc125_en.pdf („The Copenhagen Declaration").
[63] Vgl. Fahle & Thiele (2003), S. 10.
[64] Vgl. BMBF (2012), S. 97.

Die Absicht zur Förderung von Mobilität findet in Deutschland seit 2005 vor allem durch die Novellierung des Berufsbildungsgesetzes Verankerung, worin in § 2, Abs. 3 festgeschrieben steht, dass Ausbildungsabschnitte bis zu einem Viertel der Gesamtausbildungsdauer im Ausland verbracht werden können.[65]

In den Handreichungen der „Kultusministerkonferenz" (KMK) für die Erarbeitung von Rahmenlehrplänen für Berufsschulen ist unter anderem die „Förderung der Kompetenzen der jungen Menschen [...] zur beruflichen sowie individuellen Flexibilität und Mobilität im Hinblick auf das Zusammenwachsen Europas"[66] als Bildungsauftrag der Berufsschule vermerkt. Zudem ist die Integration von interkultureller Kompetenz in den Rahmenlehrplänen gefordert.[67] In einigen neu geordneten Berufsausbildungen wurde auf die immer weiter anwachsende Signifikanz von internationaler Kompetenz für das spätere Arbeitsleben der Auszubildenden reagiert und die Wahlqualifikation „internationale Kompetenz" in die Ausbildungsordnung mit aufgenommen.[68]

Trotz vieler Verankerungen und politischer Maßnahmen, um die internationalen Kompetenzen bei Auszubildenden zu fördern, gibt es auch kritische Anmerkungen, da der Schwerpunkt interkulturellen Lernens in der Berufsausbildung noch oftmals auf Fremdsprachenkenntnisse reduziert wird.[69] Durch den Fokus auf die Fremdsprachen werden zuweilen die Schwierigkeiten vernachlässigt, die auftreten können, sobald interkulturell zusammengearbeitet wird, wozu Straub & Weidemann exemplarisch folgende gängige Probleme aufzählen: „wechselseitige Stereotypen, voreingenommene Befürchtungen sowie nachvollziehbare Überforderungsgefühle und Ängste, Verunsicherungen, Misstrauen und mangelnde Offenheit bis hin zu latenter oder manifester Aversion und Ablehnung, Vermeidung oder Abbruch des Kontaktes. Allseits sichtbare Ergebnisse sind etwa offene Fremdenfeindlichkeit, abgebrochene Auslandsaufenthalte oder die Abschottung von Subkulturen."[70]

Eine Initiative, die hier z.B. entgegenwirkt und auf die in späteren Abschnitten dieser Studie noch Bezug genommen wird, ist der „Common Framework for Europe Competence" (CFEC).[71] Dabei wird versucht, die Schüler gezielt auf das Leben und Arbeiten in Europa vorzubereiten, in dem „European and International Orientation" (EIO) Lerneinheiten in den Unterricht integriert werden.

---

[65] Vgl. BMBF (2007), S. 4.
[66] KMK (2011), S. 14.
[67] KMK (2011), S. 19.
[68] Vgl. BMWi (2009), S. 3.
[69] Vgl. Heimann (2010), S. 22.
[70] Straub & Weidemann (2000), S. 837.
[71] Vgl. European Elos Network (2010), S. 1ff.

Neben den bisher betrachteten Verankerungen werden auch zahlreiche Instrumente entwickelt sowie strukturelle Ansätze erarbeitet, um die transnationalen Mobilitätsbestrebungen weiter voranzubringen. So wurde mit der Einrichtung des „Europäischen Qualifikationsrahmens" (EQR), bestehend aus acht Niveaus, ein Rahmenwerk zur Vergleichbarkeit der Qualifikationen in der allgemeinen und beruflichen Bildung geschaffen, um die Transparenz und Übertragbarkeit von Qualifikationen in Europa zu unterstützen.[72] Der EQR ist bei seiner Ausgestaltung am Outcome orientiert und so wird auch den Mitgliedsstaaten bei der Einrichtung nationaler Qualifikationsrahmen empfohlen, „bei der Beschreibung und Definition von Qualifikationen einen Ansatz zu verwenden, der auf Lernergebnissen beruht, und die Validierung nicht formalen und informellen Lernens [...] zu fördern"[73]. In Anlehnung daran wurde auf nationaler Ebene ein „Deutscher Qualifikationsrahmen" (DQR) entwickelt.[74]

Mit der Empfehlung des Europäischen Parlaments und des Rates zur „Einrichtung eines Europäischen Leistungspunktesystems für die berufliche Bildung (ECVET)" soll die Erleichterung der Anrechnung und Anerkennung sowie Akkumulierung von Lernergebnissen erzielt werden, um neben der Förderung europäischer Bildungszusammenarbeit die nachhaltige Qualitätsverbesserung von transnationalen Mobilitätsmaßnahmen sowie das Festigen von Langzeitaufenthalten im Ausland während der Berufsausbildung zu erreichen.[75] Die Entwicklung von transparenten und in der Praxis anzuwendenden Instrumenten und Verfahren, um die Übertragbarkeit von Lernergebnissen länder- sowie bildungsbereichsübergreifend zu erleichtern, wird in mehr als 130 ECVET-Projekten als Teil des EU-Programms für lebenslanges Lernen vollzogen.[76] Beispielhaft können hier drei Projekte mit deutscher Beteiligung angeführt werden (CREDCHEM[77], AEROVET[78] und SME MASTER plus[79]).

Die neue EU-Initiative „ESCO – The European Skills, Competences and Occupations taxonomy", welche auf die vom Europäischen Rat verabschiedete Strategie „New Skills for new Jobs" zurückgeht, zielt darauf ab, mit der Aufstellung einer gemeinsamen europäischen Klassifikation von Berufen, Fertigkeiten und Kompetenzen eine Standardisierung der Beschreibungen zu erhalten und eine bessere Verknüpfung von Arbeits- und Bildungswelt zu errei-

---

[72] Vgl. Europäisches Parlament und Rat (2008), S. 1 sowie unter: http://ec.europa.eu/education/lifelong-learning-policy/eqf_de.htm.
[73] Europäisches Parlament und Rat (2008), S. 3.
[74] Vgl. BMBF (2012), S. 98 sowie unter: http://www.deutscherqualifikationsrahmen.de.
[75] Vgl. Europäisches Parlament und Rat (2009), S. 1 sowie unter: http://ec.europa.eu/education/lifelong-learning-policy/ecvet_de.htm und unter: http://www.ecvet-info.de.
[76] Vgl. BMBF (2012), S. 99f. sowie unter: http://www.adam-europe.eu.
[77] CREDCHEM - Entwicklung und Erprobung eines Credit-Transfer-Systems zur Verbesserung der Mobilität im Chemiesektor. Vgl. http://www.credchem.eu.
[78] AEROVET - Identification of sector-related qualifications according to common demands of being employed by enterprises of the European Aeronautic and Space Industry. Vgl. http://www.pilot-aero.net.
[79] SME MASTER Plus - Skilled-Mobile-European MASTER Plus. Vgl. http://www.sme-master.eu.

chen.[80] Ein weiteres Instrument zur Verbesserung der internationalen Vergleichbarkeit von Qualifikationen und zur Steigerung der Transparenz von Lernergebnissen und Berufserfahrungen ist der Europass, welcher vom Europäischen Parlament und Rat eingerichtet wurde und den „die Bürger auf freiwilliger Basis benutzen können, um ihre Qualifikationen und Kompetenzen in ganz Europa leichter ausweisen und präsentieren können."[81] Der Europass Mobilität, als eins der fünf Dokumente des Europass, wurde konzipiert zum Nachweis von Bildungsaufenthalten jeglicher Art innerhalb der EU und stellt die erworbenen Qualifikationen sowie Lernerfahrungen jeder Art, jeden Niveaus und jeder Zielsetzung in einheitlich festgelegter Form dar.[82]

2.3.2 Nationale und internationale Mobilitätsprogramme

Damit eine Teilnahme an Mobilitätsprogrammen und -maßnahmen erfolgreich realisiert werden kann, sind umfassende Informationen und eine gute Vorbereitung erforderlich. Eine wichtige Einrichtung hierfür ist die 1987 eingerichtete „Informationsstelle für Praxiserfahrung im Ausland" (IBS), welche im Auftrag des BMBF bei der „Deutschen Gesellschaft für internationale Zusammenarbeit" (GIZ) angesiedelt ist und Interessierte zu Programmauswahl, Finanzierung und Vorbereitung berät.[83] Des Weiteren wird durch das „Euroguidance-Netzwerk" der Bundesagentur für Arbeit sowie im „European Employment Services Netzwerk" Beratungsleistungen erbracht.[84] Seit 2009 existiert das ganzheitliche Mobilitätsberatungsprogramm „Berufsbildung ohne Grenzen", in dessen Rahmen den Unternehmen über 30 Mobilitätsberater bei den Handwerks-, Industrie- und Handelskammern als Ansprechpartner zur Verfügung stehen, um bei Fragen der Antragstellung, Vorbereitung und Durchführung von Mobilitätsprojekten weiterzuhelfen.[85] Unternehmen können in diesem Rahmen zudem Musterformulare und -verträge erhalten.[86]

Erste EU-Programme zur Förderung von transnationaler Mobilität waren z.B. das Programm LINGUA, welches von 1990 bis 1995 Sprachaufenthalte förderte, oder PETRA, welches Personen in der Aus- und Weiterbildung die Möglichkeit für Auslands- und Sprachaufenthalte bot.[87] Zu Beginn der 90er lag der Jahresdurchschnitt von Teilnehmern im Programm PETRA

---

[80] Vgl. BMBF (2012), S. 100 sowie unter: http://ec.europa.eu/eures/docs/ESCO_overview_note.pdf.
[81] Europäisches Parlament und Rat (2004), S. 7.
[82] Vgl. Europäisches Parlament und Rat (2004), S. 7ff. sowie unter: http://www.europass-info.de.
[83] Vgl. http://www3.giz.de/ibs.
[84] Vgl. BMBF (2012), S. 102.
[85] Vgl. http://www.esf.de/portal/generator/5796/programm__mobi.html sowie unter: http://www.mobilitaetscoach.de.
[86] Vgl. http://www.mobilitaetscoach.de/infos-fuer-unternehmen.html.
[87] Vgl. Kristensen (1998), S. 279.

II bei ca. 8.500 Auszubildenden und jungen Menschen.[88] Auch für Arbeitnehmer bestanden Programme wie SESAM, welches sich an Personen aus Handel und Handwerk richtete, oder EUROFORM, mit dem von Arbeitslosigkeit bedrohte Personen aus dem Umfeld von kleinen und mittleren Unternehmen an berufsbezogene Auslandsmaßnahmen teilnehmen konnten.[89] Mit den Programmen IRIS und NOW gab es Angebote speziell nur für Frauen.[90] Im Hochschulbereich ist als wichtiges Programm ERASMUS anzuführen, welches im Jahr 1987 gegründet wurde.[91]

Als eines der wichtigsten Programme auf dem Gebiet der beruflichen Bildung zur Förderung internationaler Kompetenzen durch transnationale Mobilität hat die Europäische Union das Programm Leonardo-da-Vinci im Jahr 1995 initiiert, unter dem vorherige unabhängige Programme wie PETRA, LINGUA, FORCE, COMETT und EUROTECNET zusammengeführt wurden.[92] Neben den 27 EU-Mitgliedsstaaten nehmen Lichtenstein, Island, Norwegen sowie die Türkei am Leonardo-da-Vinci Programm teil, welches sich vor allem an Personen in der Erstausbildung, worunter Auszubildende und Berufsfachschüler gefasst werden, sowie an Arbeitnehmer und an das Berufsbildungspersonal richtet.[93] Zudem werden durch finanzielle Mittel die Verbesserung der Systeme und die Qualität der beruflichen Bildung unterstützt.[94] Der Großteil der Teilnehmer entscheidet sich für einen Aufenthalt zwischen vier bis acht Wochen, wobei auch Aufenthalte zwischen zwei und 39 Wochen möglich wären.[95] In der zweiten Förderperiode von 2000 bis 2006 konnten im Rahmen des Leonardo-da-Vinci II Programms ungefähr 371.000 junge Teilnehmer an transnationalen Mobilitätsmaßnahmen partizipieren.[96] Seit 2007 gehört das Leonardo-da-Vinci Programm zum „EU-Bildungsprogramm für lebenslanges Lernen" (PLL), für welches in der Förderperiode von 2007 bis 2013 ein Gesamtbudget von 6,97 Milliarden Euro bereitsteht und wovon 25%, also fast 1,75 Milliarden Euro auf die Mobilitätsmaßnahmen des Leonardo-da-Vinci Programms entfallen.[97]

---

[88] Vgl. MoVE-iT (2007), S. 25.
[89] Vgl. Borch et al. (2003), S. 7.
[90] Vgl. Borch et al. (2003), S. 7.
[91] Vgl. http://ec.europa.eu/education/lifelong-learning-programme/erasmus_en.htm.
[92] Vgl. Kristensen (1998), S. 279. sowie unter: http://ec.europa.eu/education/leonardo-da-vinci/history_en.htm.
[93] Vgl. Friedrich & Körbel (2011), S. 17 sowie unter: http://www.lebenslanges-lernen.eu/leonardo_da_vinci_4.html und unter: http://ec.europa.eu/education/leonardo-da-vinci/what_en.htm. Die Bezeichnungen dieser drei Teilnehmergruppen lauten auf EU-Ebene wie folgt: „IVT – People in initial vocational training", „PLM – People in the labour market", „VETRPO – Professionals in vocational education and training".
[94] Vgl. Friedrich & Körbel (2011), S. 17f.
[95] Vgl. Friedrich & Körbel (2011), S. 18.
[96] Vgl. WSF (2007), S. 76.
[97] Vgl. Europäisches Parlament und Rat (2006), S. 10 und S. 23.

Die Teilnehmerzahlen im Leonardo-da-Vinci Programm sind über die letzten Jahre kontinuierlich gestiegen.[98] Von ca. 29.000 Teilnehmern im Jahr 2000 konnte die Zahl bis zum Jahr 2009 auf über 80.000 gesteigert werden, von denen sich alleine über 51.000 Personen in der Erstausbildung befanden. Europaweit soll dieser Anteil der Auszubildenden auf 80.000 Teilnehmende im Jahr 2013 gesteigert werden.[99] Ein hoher Stellenwert wird auch in Deutschland der Teilnahme von Auszubildenden an transnationalen Mobilitätsmaßnahmen beigemessen, was sich dadurch widerspiegelt, dass Deutschland in dieser Gruppe rund zehn Prozentpunkte über dem Durchschnitt der anderen Länder liegt.[100] Insgesamt nahmen im Rahmen von Leonardo-da-Vinci in Deutschland im Jahr 2009 gut 10.000 Personen in der Erstausbildung an transnationalen Mobilitätsmaßnahmen teil. Diese Zahl konnte im Jahr 2011 auf über 12.700 gesteigert werden.[101]

Im Jahr 2011 hat das BMBF die transnationalen Mobilitätsmaßnahmen in der Berufsausbildung mit insgesamt 1,4 Millionen Euro unterstützt.[102] Auf Deutschland bezogen entfallen alleine 37% der finanzierten Mobilitätsmaßnahmen auf das Leonardo-da-Vinci Programm und weitere 8% auf die vier im Folgenden dargestellten bilateralen Austauschprogramme des BMBF.[103]

Das Deutsch-Französische Austauschprogramm in der beruflichen Bildung wurde bereits 1980 ins Leben gerufen und verzeichnet einen jährlichen Teilnehmerdurchschnitt von 1.500 Auszubildenden und Berufsfachschülern.[104] In den 90er Jahren kamen die Programme BAND mit den Niederlanden, GJØR DET mit Norwegen und TRAINING BRIDGE mit Großbritannien hinzu, durch welche rund 300 Auszubildenden jährlich gefördert werden.[105] Die durchschnittliche Länge dieser transnationalen Mobilitätsmaßnahmen liegt bei vier Wochen und unterscheidet sich hinsichtlich des Leonardo-da-Vinci Programms besonders durch die Gegenseitigkeit des Austausches.

Zu berücksichtigen gilt, dass von den 3% (rund 23.500 Personen), die im jährlichen Durchschnitt während der Erstausbildung in Deutschland an transnationalen Mobilitätsmaßnahmen teilnehmen, nur 45% auf das EU-Programm Leonardo-da-Vinci und die vier genannten

---

[98] Vgl. Friedrich & Körbel (2011), S. 18ff.
[99] Vgl. BMBF (2012), S. 103.
[100] Vgl. Friedrich & Körbel (2011), S. 18ff.
[101] Vgl. BMBF (2012), S. 103.
[102] Vgl. BMBF (2012), S. 103.
[103] Vgl. Friedrich & Körbel (2011), S. 15.
[104] Vgl. Friedrich & Körbel (2011), S. 21.
[105] Vgl. Friedrich & Körbel (2011), S. 21.

BMBF Austauschprogramme entfallen.[106] Weitere EU-Programme z.B. ESF, EQUAL und INTERREG verzeichnen zusammen rund 7%, auf Kammern, Stiftungen und das Deutsch-Französische Jugendwerk entfallen 9% und 38% entfallen auf private Maßnahmen.[107]

Das enorme politische und wirtschaftliche Interesse spiegelt sich anhand steigender Ausgaben für transnationale Mobilitätsprogramme und -maßnahmen und die dadurch zunehmend wachsenden Teilnehmerzahlen wider. Zudem werden bestehende Kooperationen kontinuierlich ausgeweitet und neue Initiativen kommen hinzu, beispielsweise der „Deutsch-Israelische Azubi-Austausch" im Rahmen des seit über 40 Jahren bestehenden Expertenaustausches in der beruflichen Bildung zwischen Deutschland und Israel.[108]

Dennoch hat sich bei vielen Verantwortungsträgern in Schulen, Betrieben und Verwaltungen das Bild festgesetzt, transnationale Mobilitätsmaßnahmen eher als „exotischen Schulausflug" anstatt als ernstzunehmende Bildungsaktivität zu sehen.[109] Ein Grund für diese Ansicht ist, dass nach wie vor zu wenig über die Lernergebnisse bekannt ist.[110] Um diesem Umstand entgegenzuwirken und der Notwendigkeit der Wirkungsanalyse von solchen Maßnahmen auf die individuelle Kompetenzentwicklung Rechnung zu tragen, wird im Rahmen dieser Studie ein Evaluationskonzept entwickelt. Im anschließenden Kapitel werden hierfür zunächst die Kompetenzen genauer betrachtet.

---

[106] Vgl. Friedrich & Körbel (2011), S. 9.
[107] Vgl. Friedrich & Körbel (2011), S. 15.
[108] Vgl. http://www.bmbf.de/de/894.php.
[109] Vgl. Kristensen (2001), S. 426.
[110] Vgl. Heimann (2010), S. 42.

3 Das Kompetenzverständnis und die Kompetenzausrichtung

Der Begriff „Kompetenz" wird in der heutigen Zeit oft und gerne verwendetet und dabei trotz seiner mannigfaltigen Facetten als selbsterklärend vorausgesetzt.[111] Alleine eine Schlagwortsuche von Kompetenz bezogen auf das Jahr 2011 in der „Literaturdatenbank des Fachinformationssytems Bildung" erzeugt 1.272 Treffer.[112] Dem Begriff Kompetenz, welcher aus dem 18. Jahrhundert stammt und aus dem Lateinischen vom Verb *competere* abgeleitet wird, wurde anfänglich die Bedeutung Zuständigkeit zugeordnet.[113] Ursprünglich kam die Bedeutung der Zuständigkeit aus dem juristischen Umfeld und wurde nach und nach auf andere Handlungsfelder übertragen, womit weitere Auslegungen hinzukamen, wie z. B. Vermögen, Fähigkeit und Fertigkeit.[114] Straub schreibt hierzu: „Kompetenz ist ein in verschiedenen, wissenschaftlichen Disziplinen verwendeter Begriff, seit einigen Jahren aber auch ein in der Bildungs- und Umgangssprache geläufiges Wort."[115] Hiervon lässt sich ableiten, dass es bei der Bedeutungszuschreibung vor allem darauf ankommt, welches Verständnis aus welcher Disziplin sich dahinter verbirgt. Der kritische Punkt besteht darin, dass auf Basis sich unterscheidender Grundannahmen sich unterschiedliche Definitionen und Verständnisse entwickeln, die wiederum ausschlaggebend sind für darauf aufbauende Kompetenzkonstrukte sowie für das methodische Vorgehen bei der Kompetenzmessung.[116] Es ist daher essentiell, für diese Studie ein einheitliches Verständnis von Kompetenz herauszuarbeiten, um sich darauf aufbauend in Kapitel 4 der Evaluation von Kompetenzen widmen zu können. Um nicht zu weit auszuholen, werden in diesem Kapitel zwei wesentliche Richtungen herausgestellt, welche unterschiedlichen Disziplinen entspringen und sich auf unterschiedliche lerntheoretische Ansätze beziehen, da von ihnen deutliche Weichenstellungen bezüglich des Kompetenzverständnisses ausgehen.[117] Nach Festlegung des Kompetenzverständnisses für diese Studie kann anschließend diskutiert werden, wie sich die internationalen und interkulturellen Kompetenzen in diesem Konstrukt verorten lassen. Mit den gewonnen Erkenntnissen ist es dann möglich, die Zielsetzungen der transnationalen Mobilitätsmaßnahmen hinsichtlich ihrer Kompetenzorientierung zu analysieren.

---

[111] Vgl. Heimann (2010), S. 71.
[112] Schlagwort: „Kompetenz", Jahr: „2011", eingegeben am 30.09.2012 unter: http://www.fachportal-paedagogik.de/fis_bildung/fis_form.html.
[113] Vgl. Kluge (1975), S. 391.
[114] Vgl. Straub (2007), S. 36f.
[115] Straub (2007), S. 35.
[116] Vgl. Frosch (2012), S. 1f.
[117] Vgl. Heyse & Erpenbeck (2009), S. XVII.

3.1 Die kognitionsorientierte Auffassung von Kompetenz

Ausgehend von einer kognitiven[118] Ausrichtung in der Psychologie stieß White im Jahr 1957 einen Veränderungsprozess an, indem er eine Kompetenzdefinition aufstellte, wonach Kompetenz die Fähigkeit beschreibt, mit der Menschen aus eigenem Antrieb mit der Umwelt interagieren.[119] Beeinflusst wurde diese Kompetenzbewegung maßgeblich durch McClellands Aufsatz „Testing for Competence rather than for Intelligence", mit dem er auf den Umstand aufmerksam macht, dass Intelligenz, festgestellt durch Testverfahren der klassisch kognitiven Art, geringe Aussagekraft bezüglich des Handlungsvermögens besitzt.[120] Dennoch wird der Kompetenzbegriff, vielfach auch heute noch rein kognitivistisch orientiert verwendet. Klieme et al. z.B. definieren in dieser Hinsicht Kompetenzen als „kontextspezifische kognitive Leistungsdisposition, die sich funktional auf Situationen und Anforderungen in bestimmten Domänen beziehen"[121]. Da „'Kompetenz' zur Charakterisierung der Ergebnisse von Bildungsprozessen verwendet werden soll"[122], liegt nach Heyse & Erpenbeck der Fokus auf der Wissens- anstatt der Menschenbildung.[123] Eine solche Auffassung findet sich nach Klieme et al. auch bei umfassenden über den nationalen Rahmen hinausgehenden Schulleistungsstudien, wie z.B. PISA, TIMSS und PIRLS, wieder.[124] Anzumerken ist jedoch, dass in dieser Betrachtungsweise affektive und motivationale Aspekte von Handlungen unberücksichtigt bleiben.[125] Folglich wird konstatiert: „Der hier verwendete Begriff von ‚Kompetenzen' ist daher ausdrücklich abzugrenzen von den aus der Berufspädagogik stammenden und in der Öffentlichkeit viel gebrauchten Konzepten der Sach-, Methoden-, Sozial- und Personalkompetenz."[126]

Aufgrund der sehr engen Auslegung von Kompetenz ergibt sich zwar für die Verwendung in der Praxis eine vernünftige Messbarkeit, die aber praxisfern rein auf die Vermittlung von Wissen im spezifischen Kontext bezogen ist.[127]

Erweiternde Anstöße erfährt das kognitionsgeprägte Kompetenzverständnis z.B. auch durch Weinert, der die bestehende Auffassung um motivationale, soziale und volitionale Aspekte ergänzt und somit Kompetenz definiert als „die bei Individuen verfügbaren oder durch sie

---

[118] Vgl. Häcker & Stapf (2009), S. 520. Aus dem Lateinischen bedeutet „kognitiv": „erkenntnismäßig, auf die Erkenntnis bezogen".
[119] Vgl. White (1959), S. 297 sowie Frosch (2012), S. 2.
[120] Vgl. Sarges (2006), S. 133 sowie McClelland (1973), S. 2.
[121] Klieme et al. (2007), S. 7.
[122] Klieme et al. (2007), S. 5.
[123] Vgl. Heyse & Erpenbeck (2009), S. XVII.
[124] Vgl. Klieme et al. (2007), S. 7 sowie unter: http://www.oecd.org/pisa und unter: http://timssandpirls.bc.edu.
[125] Vgl. Klieme et al. (2007), S. 7.
[126] Klieme et al. (2003), S. 22.
[127] Vgl. Heyse & Erpenbeck (2009), S. XVII.

erlernbaren kognitiven Fähigkeiten und Fertigkeiten, um bestimmte Probleme zu lösen, sowie die damit verbundenen motivationalen, volitionalen und sozialen Bereitschaften und Fähigkeiten, um die Problemlösungen in variablen Situationen erfolgreich und verantwortungsvoll nutzen zu können"[128].[129] Ungenau bleibt jedoch, wie die Verschränkung dieser neuen Aspekte mit der bisherigen Auffassung aussieht.[130]

3.2 Die handlungsorientierte Auffassung von Kompetenz

In den Erziehungswissenschaften findet das handlungsorientierte Kompetenzverständnis in den 70er Jahren mit dem von Roth etablierten Begriff der Handlungskompetenz, unter anderem durch sein Mitwirken im Deutschen Bildungsrat, seinen Ausgangspunkt.[131] Die als Bildungsanspruch geforderte Handlungsfähigkeit hat als Grundvoraussetzung die Entwicklung von Mündigkeit und Reife.[132] Unter Reife versteht Roth „die Internalisierung und die Integrierung einer Kontrolle des Verhaltens, die der Person und ihren Handlungen Konstanz, Identität und Konsequenz verleiht."[133] Diese muss, um als vollwertiges Erziehungsziel gelten zu können, mit Mündigkeit gepaart sein, welche er als „freie Verfügbarkeit über die eigenen Kräfte und Fähigkeiten für jeweils neue Initiativen und Aufgaben"[134] beschreibt. Mündigkeit kann nun als Kompetenz im dreifachen Sinne interpretiert werden.[135] Die Fähigkeit zur Selbstbestimmung und eigenverantwortlichem Handeln wird als sogenannte Selbstkompetenz dargestellt. Die Sachkompetenz beschreibt die Fähigkeit über fachliche Gebiete urteilen zu können und damit zuständig sein zu können, und die Fähigkeit im gesellschaftlichen, sozialen und politischem Rahmen angemessen handeln und urteilen zu können, wird als Sozialkompetenz ausgeführt. Aus diesen drei Kompetenzen ergibt sich Handlungskompetenz.

Roths Ansatz zur Kompetenzdimensionierung hat Einzug in den Strukturplan des Deutschen Bildungsrates erhalten.[136] Ende der 80er Jahre wurden diese Kompetenzdimensionen von Reetz in der Debatte der Schlüsselqualifikationen im Bereich der Sachkompetenz noch um die

---

[128] Weinert (2001 B), S. 27f.
[129] Vgl. Weinert (2001 A), S. 62.
[130] Vgl. Frosch (2012), S. 3.
[131] Vgl. Loiselle (1999), S. 411ff.
[132] Vgl. Loiselle (1999), S. 411ff.
[133] Roth (1971), S. 180.
[134] Roth (1971), S. 180.
[135] Vgl. Roth (1971), S. 180.
[136] Vgl. Deutscher Bildungsrat (1974), S. 64f.

Dimension der Methodenkompetenz erweitert.[137] Diese grundsätzlichen theoretischen Überlegungen greift auch die KMK für ihr Kompetenzverständnis auf.[138]

Die Dimensionen und Begrifflichkeiten haben sich im Großen und Ganzen bis heute in der Berufspädagogik gehalten, wenngleich einzelne Bezeichnungen und Dimensionierungen über die Jahre variieren, sodass anstelle der Sachkompetenz heute in der „Handreichung für die Erarbeitung von Rahmenlehrplänen der Kultusministerkonferenz" die Fachkompetenz gebräuchlich ist.[139] Auch die Selbstkompetenz findet sich mal als Human-, mal als Personalkompetenz wieder. Aktuell wird von der KMK erneut der Begriff Selbstkompetenz in Anlehnung an die Systematisierung des DQR gebraucht. Die Methodenkompetenz sowie die kommunikative Kompetenz und Lernkompetenz werden zurzeit von der KMK als immanente Bestandteile der Fach-, Sozial-, und Selbstkompetenz angesehen.[140]

Die Handlungskompetenz wird aktuell von der KMK „als die Bereitschaft und Befähigung des Einzelnen, sich in beruflichen, gesellschaftlichen und privaten Situationen sachgerecht durchdacht sowie individuell und sozial verantwortlich zu verhalten"[141] definiert. Die Fachkompetenz beschreibt die KMK als die „Bereitschaft und Fähigkeit, auf der Grundlage fachlichen Wissens und Könnens Aufgaben und Probleme zielorientiert, sachgerecht, methodengeleitet und selbstständig zu lösen und das Ergebnis zu beurteilen."[142] Selbstkompetenz wird deklariert durch „Bereitschaft und Fähigkeit, als individuelle Persönlichkeit die Entwicklungschancen, Anforderungen und Einschränkungen in Familie, Beruf und öffentlichem Leben zu klären, zu durchdenken und zu beurteilen, eigene Begabungen zu entfalten sowie Lebenspläne zu fassen und fortzuentwickeln."[143] Die Sozialkompetenz als dritte Kompetenzdimension wird definiert als „Bereitschaft und Fähigkeit, soziale Beziehungen zu leben und zu gestalten. Zuwendungen und Spannungen zu erfassen und zu verstehen sowie sich mit anderen rational und verantwortungsbewusst auseinanderzusetzen und zu verständigen."[144]

Auch Erpenbeck & von Rosenstiel halten an ähnlichen Kompetenzdimensionierungen fest und schreiben, dass sich diese Kompetenzklassen, wie sie von ihnen deklariert werden, zwar unter verschiedenen Bezeichnungen, aber dennoch immer wieder finden, wenn es um die Er-

---

[137] Vgl. Reetz (1990), S. 21ff. sowie Reetz (1999), S. 40f.
[138] Vgl. Sloane & Dilger (2005), S. 6f.
[139] Vgl. KMK (2011), S. 15f. sowie Heimann (2010), S. 76.
[140] Vgl. KMK (2011), S. 15f.
[141] KMK (2011), S. 15.
[142] KMK (2011), S. 15.
[143] KMK (2011), S. 15.
[144] KMK (2011), S. 15.

stellung grundlegender Taxonomien von Kompetenzen geht.[145] Ihre Ausführungen zu den personalen Kompetenzen finden sich inhaltlich in der Selbstkompetenzbeschreibung der KMK wieder. Ihre fachlich-methodischen Kompetenzen entsprechen der Dimension der Fachkompetenz und die sozial-kommunikativen Kompetenzen der Dimension der Sozialkompetenz. Lediglich die aktivitäts- und umsetzungsorientierten Kompetenzen haben keine direkten Korrespondenten in den Beschreibungen der KMK, wobei Erpenbeck & von Rosenstiel einräumen, dass diese als immanenter Bestandteil der anderen Kompetenzen gesehen werden können, so wie es die KMK mit der Methoden-, Lern- und kommunikativen Kompetenz vornimmt.

3.3 Operationalisierung des Kompetenzverständnisses

Das Kompetenzverständnis, welches dieser Studie zugrunde gelegt wird, orientiert sich an der zuvor beschriebenen handlungsbezogenen oder auch konstruktivistischen[146] Auffassung von Kompetenz. Allerdings werden auch die Annäherungen und Verzahnungen, die über die letzten Jahre in der interdisziplinären Kompetenzdebatte stattfanden, berücksichtigt und somit wird ein breit ausgelegtes, mehrdimensionales Kompetenzverständnis angenommen, welches zugleich erweiterte und geöffnete kognitionspsychologische Kompetenzverständnisse wie die an Weinert anknüpfende Definition von Kompetenz des OECD-Projekts „Definition and Selection of Competencies" (DeSeCo) nicht ausschließen soll.[147] Kompetenz wird darin folgendermaßen definiert: „Eine Kompetenz ist mehr als nur Wissen und kognitive Fähigkeiten. Es geht um die Fähigkeit der Bewältigung komplexer Anforderungen, indem in einem bestimmten Kontext psychosoziale Ressourcen (einschließlich kognitive Fähigkeiten, Einstellungen und Verhaltensweisen) herangezogen und eingesetzt werden."[148] Das in der Studie dargelegte Konzept der Schlüsselqualifikationen umfasst die drei Kategorien „interaktive Anwendung von Medien und Mitteln", „Interagieren in heterogenen Gruppen" und „autonome Handlungsfähigkeit".[149] Wie bereits Reetz die Schlüsselqualifikationen in Bezug auf Roths Ansatz konzeptionierte,[150] lassen sich auch hier in den drei Kategorien die drei Dimensionen Fach-, Sozial- und Selbstkompetenz wiedererkennen.

---

[145] Vgl. Erpenbeck & von Rosenstiel (2007), S. XXIV.
[146] Vgl. Häcker & Stapf (2009), S. 537. Der Konstruktivismus wird beschrieben als „eine Wahrnehmungslehre (z.B. von Piaget), nach der die Welt vom Wahrnehmenden nicht ‚gespiegelt' abgebildet, sondern konstruiert wird."
[147] Vgl. Frosch (2012), S. 4.
[148] OECD (2005), S. 6.
[149] Vgl. OECD (2005), S. 7.
[150] Vgl. Reetz (1999), S. 38.

Ähnlich zu der obigen Definition wird auch in der „Empfehlung des Europäischen Parlaments und des Rates zur Einrichtung des Europäischen Qualifikationsrahmens für lebenslanges Lernen" Kompetenz definiert als „nachgewiesene Fähigkeit, Kenntnisse, Fertigkeiten sowie persönliche, soziale und methodische Fähigkeiten in Arbeits- oder Lernsituationen und für die berufliche und/oder persönliche Entwicklung zu nutzen. Im Europäischen Qualifikationsrahmen wird Kompetenz im Sinne der Übernahme von Verantwortung und Selbstständigkeit beschrieben."[151] Mit diesem Fokus des EU-Kompetenzverständnisses auf verantwortliche Selbstorganisationsfähigkeit stimmen Erpenbeck & von Rosenstiel überein.[152] Somit kann der Europäische Qualifikationsrahmen als Kompetenzrahmen aufgefasst werden.[153]

Entscheidend ist, dass Kompetenzen somit Wissen wie auch Fertigkeiten und Qualifikationen einbeziehen, aber eben nicht darauf reduzierbar sind.[154] In diesem Sinne schreiben Erpenbeck & von Rosenstiel: „Bei Kompetenzen kommt einfach etwas hinzu, das die Handlungsfähigkeit in offenen, unsicheren, komplexen Situationen erst ermöglicht, beispielsweise selbstverantwortete Regeln, Werte und Normen […]."[155] Somit finden sich die drei psychologischen Funktionsebenen, unterteilt in kognitive, verhaltensbezogene und affektive, hierin integriert wieder.[156] Diese Ebenen können in die Kompetenzdimensionen einbezogen werden, womit die drei Dimensionen, Sach-, Sozial- und Selbstkompetenz jeweils die psychologischen Ebenen einschließen.[157]

Eine zu berücksichtigende Diskussionsdebatte, ausgelöst durch maßgebliche Veränderungen im Wirtschafts- und Beschäftigungssystem, welche durch Umstrukturierungsprozesse neue Anforderungen an die Mitarbeiter stellen, dreht sich um die Abgrenzung der Begriffe Qualifikation und Kompetenz.[158] Der subjektbezogene Ansatz des Kompetenzbegriffs wird dem objektbezogenen Ansatz der Qualifikation gegenüber gestellt.[159] Qualifikationen, von Sloane, Twardy & Buschfeld bewusst eng und auf die Funktion bezogen ausgelegt, werden als aus der Arbeitsaufgabe resultierendes gefordertes Arbeitsverhalten beschrieben.[160] Nicht zuletzt durch die zunehmende Internationalisierung der Arbeitsbedingungen wird es für Beschäftigte notwendig, die jeweils erforderlichen Qualifikationen neu zu erlangen.[161] Der Kompetenzbegriff,

---

[151] Europäisches Parlament und Rat (2008), S. 4.
[152] Vgl. Erpenbeck & von Rosenstiel (2007), S. XIV.
[153] Vgl. Erpenbeck & von Rosenstiel (2007), S. XIII.
[154] Vgl. Erpenbeck & von Rosenstiel (2007), S. XII.
[155] Erpenbeck & von Rosenstiel (2007), S. XII.
[156] Vgl. Heimann (2010), S. 78f.
[157] Vgl. Heimann (2010), S. 78f.
[158] Vgl. Heimann (2010), S. 74f.
[159] Vgl. Heimann (2010), S. 74f.
[160] Vgl. Sloane, Twardy & Buschfeld (2004), S. 108.
[161] Vgl. Heimann (2010), S. 74f.

verstanden als Handlungsdisposition, beinhaltet diesen permanenten Anpassungsprozess.[162] „Kompetenz beinhaltet damit die Selbstorganisationsfähigkeit eines Individuums, die es sowohl in vertrauten wie auch in fremdartigen Situationen handlungsfähig macht."[163]

Nachdem nun ein recht klares Bild des Verständnisses von Kompetenz in der vorliegenden Studie entwickelt wurde, sollen abschließend noch Probleme bezüglich der Begriffsverwendung erwähnt werden. So entstehen begriffliche Schwierigkeiten z.B. bei den von Mertens 1974 eingeführten „Schlüsselqualifikationen", sowie den weiter oben angesprochenen „key competencies", die deutlich handlungsorientiert sind und somit dem Konstrukt der hier verwendeten Kompetenz zuzuordnen sind.[164] Wordelmann beschreibt bezüglich der Begriffsverwendung „erhebliche Schwierigkeiten in der internationalen Verständigung über die gängigen Begriffe wie qualifications, knowledge, skills, competences, competencies und im deutschen Sprachgebrauch Qualifikationen, Kenntnisse, Fähigkeiten, Fertigkeiten, aber auch Kompetenzen."[165] Sloane & Dilger schreiben hierzu z.B., dass Qualifikationen als Beschreibungen von auf den Arbeitsprozess bezogenen Fähigkeiten „im angelsächsischen Kontext als skills oder competencies bezeichnet"[166] würden und „das Konzept der Handlungskompetenz dem angelsächsischen Konzept der competence"[167] entspräche.[168] In Folge von solchen Definitionsschwierigkeiten wurden schon vollständige nationale Kompetenzkonzepte infrage gestellt.[169]

Das in diesem Kapitel spezifizierte Kompetenzverständnis mit interdisziplinären Anknüpfungspunkten wird für diese Studie angewendet, um möglichst einem großen Feld an Zugangsmöglichkeiten für die Kompetenzmessung offen gegenüber zu stehen und somit auf eine breite aufgestellte Auswahl an Methoden zurückgreifen zu können.

3.4 Kompetenzen im internationalen Kontext

Die internationalen Kompetenzen, welche in der Diskussion um die Internationalisierung der Berufsbildung zur Sprache kommen, sind im besonderen Maße interessant bei der Betrachtung von transnationalen Mobilitätsmaßnahmen. „Internationale Kompetenzen und Mobilität sind zwei Seiten der gleichen Medaille. Wer Mobilität will muss internationale Kompetenzen

---

[162] Vgl. Heimann (2010), S. 74f.
[163] Loiselle (1999), S. 416.
[164] Vgl. Mertens (1974) sowie Heyse & Erpenbeck (2009), S. XX.
[165] Wordelmann (2010), S. 8.
[166] Sloane & Dilger (2005), S. 7.
[167] Sloane & Dilger (2005), S. 7.
[168] Vgl. Sloane & Dilger (2005), S. 7.
[169] Vgl. Straka (2008), S. 6ff.

fördern und ihren Erwerb eben auch durch Mobilität fördern."[170] Hieraus wird die Verflechtung deutlich, dass internationale Kompetenzen als Voraussetzung für die Teilnahme an Mobilitätsmaßnahmen von Bedeutung sind, sowie eben durch diese Teilnahme sich bedeutend entwickeln können.[171] In welchem Maße die Kompetenzen entwickelt werden, bleibt unter Anwendung des hier zu entwickelnden Evaluationskonzeptes zu analysieren.

An Konzeptentwicklungen für eine internationale Handlungskompetenz mangelt es nicht, wobei es sich vielfach lediglich um Einzelwerke oder Insellösungen handelt.[172] Die internationale berufliche Handlungskompetenz wird zuweilen auch als Erweiterung der Zielsetzung der beruflichen Handlungskompetenz, also das Übertagen der Sach-, Sozial-, und Selbstkompetenz in einen international gekennzeichneten Handlungskontext verstanden.[173] Im Besonderen wird das Konzept von Borch et al. in Bezug auf die Verankerung der internationalen Kompetenzen in der Berufsausbildung immer wieder in den Mittelpunkt gestellt.[174] Sie greifen bei ihrem Kompetenzkonzept auf das ursprüngliche Konzept der internationalen Qualifikationen zurück, welches ihrer Meinung nach seit 1997 durch Busse et al. in Fachkreisen innerhalb Deutschlands sowie durch Kristensen über die nationalen Grenzen hinausgehend verbreitet ist.[175]

Das Konzept beinhaltet die drei Dimensionen internationale Fachkompetenz, Fremdsprachenkompetenz und interkulturelle Kompetenz.[176] Erweiterung findet dieses noch um eine vierte von Wordelmann eingeführte Dimension, der Netzkompetenz.[177] Als Folge der Globalisierung und Entwicklung der Informations- und Kommunikationstechnologien setzt die Netzkompetenz technische Fähigkeiten im Arbeiten mit Inter- und Intranet sowie Bereitschaft zur Integration in internationale Netzwerke voraus. Die internationale Fachkompetenz umfasst spezielle Fach- und Methodenkenntnisse, die für ein erfolgreiches Arbeiten im internationalen Umfeld notwendig sind, wie z.B. unterschiedliche Rechte und Normen, die in den jeweiligen Ländern beachtet werden müssen.[178] Fremdsprachenkompetenz, erforderlich auf unterschiedlichen Niveaustufen und gegebenenfalls in mehreren Sprachen, ist für das Handeln in internationalen beruflichen Kontexten unerlässlich.[179] Für die Fremdsprachenkomptenz liegt z.B. mit dem „Common European Framework of Reference for Languages" (CEFR) ein ausgearbeite-

---

[170] Dietzen (2010), S. 5.
[171] Vgl. Dietzen (2010), S. 5.
[172] Vgl. Amme et al. (2010), S. 4 sowie exemplarisch: Settelmeyer & Hörsch (2009); Feninger (2009).
[173] Vgl. Diettrich & Reinisch (2010), S. 37.
[174] Vgl. Amme et al. (2010), S. 4.
[175] Vgl. Borch et al. (2003), S. 37 bezugnehmend auf Busse et al. (1997), S. 215ff. und Kristensen (1998), S. 283.
[176] Vgl. Borch et al. (2003), S. 37ff. sowie Wordelmann (2010), S. 8ff.
[177] Vgl. Wordelmann (2000), S. 33f.
[178] Vgl. Borch et al. (2003), S. 39f. sowie Wordelmann (2010), S. 8f.
[179] Vgl. Borch et al. (2003), S. 39f. sowie Wordelmann (2010), S. 8f.

ter und weit verbreiteter wie anerkannter Referenzrahmen vor.[180] Die interkulturelle Kompetenz stellt eine essentielle Forderung des Geschäftsalltags dar und reicht von der bloßen Tatsache im Ausland zurechtzukommen über das grundsätzliche Interesse an einer anderen Kultur bis hin zur Fähigkeit in einer unbekannten Situation unter Berücksichtigung der Gepflogenheiten des jeweiligen Landes auf einer fremden Sprache verhandeln zu können.[181] Sowohl Wordelmann wie auch Straub machen den hohen Stellenwert der interkulturellen Kompetenz, welche über die betrieblichen Aspekte hinausgehend auch gesellschaftliche Relevanz besitzt, deutlich, indem sie die durch die Bertelsmann-Stiftung geprägte Bezeichnung der interkulturellen Kompetenz als „Schlüsselkompetenz des 21. Jahrhunderts"[182] aufgreifen.[183] Die KMK unterstreicht diesen Stellenwert durch ihre Forderung der Aufnahme der interkulturellen Kompetenz in die Rahmenlehrpläne.[184]

Wobei Straub klarstellt, dass trotz „der praktischen, gesellschaftlichen und globalen Relevanz dieser Kompetenz […] bis heute keineswegs hinreichend klar [ist], was denn eigentlich darunter verstanden werden soll."[185] Daher besteht auch bei der Verwendung des Begriffs eine große Unübersichtlichkeit und so werden im Deutschen etwa interkulturelle Handlungskompetenz, interkulturelle Kommunikationsfähigkeit oder zum Teil sogar internationale Handlungskompetenz synonym verwendet und im Englischen finden sich unter anderem Synonyme wie global competence, cross-cultural competence oder intercultural communication competence.[186]

Die vor allem vom amerikanischen Sozialpsychologen Gardner im Jahr 1962 angestoßene Diskussion über interkulturelle Kompetenz ist ebenso lang wie unabgeschlossen.[187] Daher wird für einen umfassenden Überblick zum aktuellen Forschungs- und Diskussionsstand auf Rathje verwiesen und im Folgenden nur einzelne ausgewählte Positionen betrachtet.[188]

Thomas, ein wichtiger Vertreter in der interkulturellen Kompetenzdebatte, schreibt im Rahmen seiner Lernkonzeptentwicklung zu interkultureller Handlungskompetenz, diese sei „nicht einfach vorhanden oder nicht vorhanden, sondern entwickelt sich in und aus dem Verlauf eines hochgradig lernsensitiven interkulturellen Begegnungs- und Erfahrungsprozesses."[189]

---

[180] Vgl. http://www.coe.int/t/dg4/linguistic/Source/Framework_EN.pdf.
[181] Vgl. Borch et al. (2003), S. 39f. sowie Wordelmann (2010), S. 8f.
[182] Straub et al. (2007), S. 1ff.
[183] Vgl. Wordelmann (2010), S. 9 sowie Straub (2007), S. 35.
[184] KMK (2011), S. 19.
[185] Straub (2007), S. 35.
[186] Vgl. Straub (2007), S. 35.
[187] Vgl. Rathje (2006), S. 1 bezugnehmend auf Gardner (1962), S. 241ff.
[188] Vgl. Rathje (2006), S. 1ff.
[189] Thomas (2003), S. 143.

Daraus kann geschlossen werden, dass sich interkulturelle Kompetenz im Besonderen durch transnationale Mobilität entwickelt.

Bolten wiederum bezeichnet die interkulturelle Kompetenz als „das interdependente Zusammenspiel von Sach-, Methoden-, Selbst- und Sozialkompetenz [...] [bezogen] auf mehr oder minder unbekannte, unwägbare Interaktionsszenarien."[190] Ihm nach können einzelne Merkmale wie z.B. Rollendistanz, Toleranz oder Empathie nicht als Beschreibung von interkultureller Kompetenz angeführt werden, da diese bereits der beruflichen Handlungskompetenz innewohnen und sich somit die interkulturelle Handlungskompetenz nur über das Transferieren solcher Merkmale auf einen interkulturellen Kontext auszeichnet.[191] Loiselle verfolgt eben genau diesen Ansatz und beschreibt ihr Modell zur interkulturellen Kompetenz mit Listen an Fähigkeiten.[192] Auch sie nennt als Grundlage, dass sich interkulturelle Handlungskompetenz entwickeln kann, das Vorhandensein von elementaren Fähigkeiten in den Dimensionen der beruflichen Handlungskompetenz.[193] Sowohl das Strukturmodell von Bolten wie auch das Listenmodell von Loiselle orientieren sich somit grundsätzlich an der beruflichen Handlungskompetenz mit den Kompetenzdimensionen Fach- (bzw. Sach- und Methoden-), Selbst- und Sozialkompetenz.[194]

Im Vergleich zu dem Konzept von Wordelmann ist hier festzustellen, dass Loiselle die Fremdsprachenkompetenz als ein Teilaspekt der interkulturellen Fachkompetenz auffasst.[195] Abgesehen davon allerdings scheinen sich die Dimension der internationalen Fachkompetenz von Wordelmann und die Dimension der interkulturellen Fachkompetenz von Loiselle, welche für sie das Wissen über fachwissenschaftliche und fachpraktische Differenzen im internationalen Kontext beinhaltet, lediglich begrifflich zu unterscheiden, da sie inhaltlich dieselben Ansätze bieten.[196]

In verschiedenen zurzeit vorzufindenden Kompetenzerfassungsmethoden in der Praxis lassen sich ähnliche Einteilungen erkennen. So nimmt z.B. die in Wuppertal entwickelte Methode „Kompass", deren Ziel die strukturierte Erfassung von interkulturellen Kompetenzen und beruflichen Fertigkeiten für einen Auslandsarbeitseinsatz ist, in ihren „Kann-Beschreibungen", welche zur Erstellung der Kompetenzprofile der Teilnehmer dienen, eine Einteilung in Fremdsprachenkompetenz, berufliche Fertigkeiten und Kompetenzen, soziale Kompetenzen

---

[190] Bolten (2010), S. 104.
[191] Vgl. Bolten (2010), S. 105.
[192] Vgl. Loiselle (1999), S. 424ff.
[193] Vgl. Loiselle (1999), S. 439.
[194] Vgl. Heimann (2010), S. 78.
[195] Vgl. Loiselle (1999), S. 427 sowie Wordelmann (2010), S. 8ff.
[196] Vgl. Loiselle (1999), S. 427 sowie Wordelmann (2010), S. 8ff.

und personale Kompetenzen vor.[197] Da die beruflichen, sozialen und personalen Kompetenzen jeweils in Bezug auf den interkulturellen Kontext erfasst werden, spiegeln sich diese in den Dimensionierungen der interkulturellen Kompetenz wider. Die Fremdsprachenkompetenz wird hier wie bei Wordelmann als eigene Kompetenzdimension ausgewiesen und Wordelmanns Netzkompetenz findet sich ansatzweise in den Beschreibungen der beruflichen Fertigkeiten und Kompetenzen wieder.[198] Die Kompass-Methode orientiert sich bei ihrer Dimensionierung an dem Konzept der Schlüsselqualifikationen, folgt demnach auch dem in der DeSeCo-Studie festgelegten Kompetenzverständnis und nimmt eine Niveaustufeneinteilung in Anlehnung an den EQR vor.[199]

Ein anderes Beispiel stellt der in Kapitel 2.3.1 angesprochene CFEC, der Referenzrahmen für die Europakompetenz dar. Die Ausgangsbasis bildet auch hier das Konzept der Schlüsselqualifikationen.[200] Der Struktur des CEFR folgend werden die vier EIO Einheiten, welche auf sechs Niveaustufen erreicht werden können, nach den psychologischen Funktionsebenen knowledge, skills und attitude differenziert.[201]

Festzuhalten bleibt, dass es sich nur um einzelne hier betrachtete Beispiele handelt. Nach Wordelmann hat sich der Begriff der internationalen Kompetenzen gegen verschiedene andere Bezeichnungen wie z.B. Europakompetenz durchgesetzt und ist als allgemein gebräuchlicher Begriff etabliert.[202] Da aber z.B. dieser Begriff der Europakompetenz auch vorzufinden ist, kann diese Behauptung hinterfragt werden. Die Akzeptanz des Begriffs zeigt sich aber z.B. an seiner Verwendung in Zusatzqualifikationen wie „Internationale Kompetenzen mit grenzüberschreitender Verbundausbildung (GVA) im Handwerk"[203].

In dieser Studie soll auch gerade aufgrund der Möglichkeit unter dem weiten Verständnis der internationalen Kompetenzen die Aspekte wie interkulturelle Kompetenz und Europakompetenz unter einen Oberbegriff zu bringen, daran festgehalten werden. Die interkulturelle Kompetenz wird somit den internationalen Kompetenzen untergeordnet und die Europakompetenz wird hier als Spezialisierung der internationalen Kompetenzen auf den europäischen Kontext angesehen. Es wird hier, basierend auf dem festgelegten Kompetenzverständnis, an die Leitidee der internationalen beruflichen Handlungskompetenz von Borch et al. sowie deren Er-

---

[197] Vgl. Anhang 1 und unter: http://www.europe-compass.eu.
[198] Vgl. Wordelmann (2010), S. 8ff., Anhang 1 und unter: http://www.europe-compass.eu.
[199] Vgl. http://www.europe-compass.eu, OECD (2005), S. 6 sowie siehe unter: http://ec.europa.eu/education/pub/pdf/general/eqf/leaflet_de.pdf.
[200] Vgl. European Elos Network (2010), S. 1.
[201] Vgl. European Elos Network (2010), S. 1 sowie siehe Anhang 2.
[202] Vgl. Wordelmann (2010), S. 7.
[203] Vgl. Köhn et al. (2011), S. 58.

weiterung durch Wordelmann angeknüpft, bezugnehmend auf die berufliche Handlungskompetenz und die derzeit verwendeten Kompetenzdimensionen der KMK sowie unter Einbindung der daran sich orientierenden Konzepte der interkulturellen Kompetenz von z.B. Bolten und Loiselle.

Abschließend stellt folgendes Schaubild die beschriebenen Verflechtungen dar:

Abbildung 1: Internationale Kompetenzen

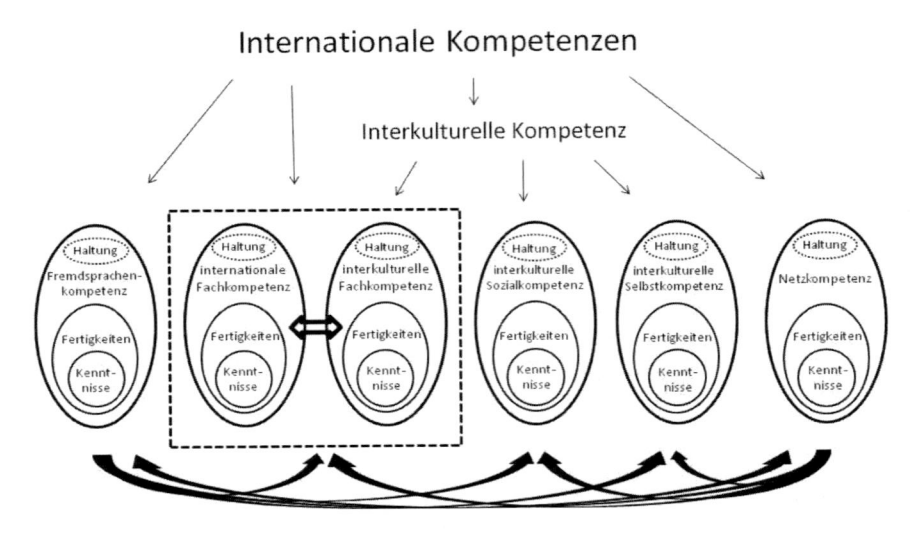

Internationale Kompetenzen

Interkulturelle Kompetenz

| Fremdsprachen-kompetenz | internationale Fachkompetenz | interkulturelle Fachkompetenz | interkulturelle Sozialkompetenz | interkulturelle Selbstkompetenz | Netzkompetenz |

(jede Dimension mit Haltung, Fertigkeiten, Kenntnisse)

Quelle: Eigene Darstellung in Anlehnung an die Konzepte von Borch et al. (2003), S. 37ff., Wordelmann (2010), S. 8ff., Loiselle (1999), S. 424ff., Erpenbeck & von Rosenstiel (2007), S. XII.

Die psychologischen Funktionsebenen, hier bezeichnet mit Kenntnisse, Fertigkeiten und Haltung, sind in die jeweiligen Dimensionen integriert. Die internationale und interkulturelle Fachkompetenz werden hier zu einer Dimension zusammengenommen. Die Fremdsprachen- und Netzkompetenz könnten, wie sie z.B. in der DeSeCo-Studie unter „interaktive Anwendung von Medien und Mittel" gefasst werden, oder bei Loiselle die Fremdsprachenkompetenz der interkulturellen Fachkompetenz untergeordnet wird, somit auch der internationalen Fachkompetenz zugeordnet werden.[204] Da sie aber vor allem im internationalen Kontext eine besonders bedeutende Stellung einnehmen, sind sie hier als eigene Kompetenzen aufgeführt,

---

[204] Vgl. OECD (2005), S. 7 sowie Loiselle (1999), S. 427.

wobei die Pfeile verdeutlichen, dass sie als Querschnittskompetenzen wiederum Bezugspunkte zu den anderen Dimensionen haben.[205]

Nach der Erörterung der Kompetenzen und der Festlegung auf ein für diese Studie geltendes Kompetenzverständnis, kann im Folgenden der Frage nach der Kompetenzorientierung in den Zielsetzungen der Mobilitätsmaßnahmen nachgegangen werden.

3.5 Untersuchung der Zielsetzungen von Mobilitätsmaßnahmen auf ihre Kompetenzorientierung

Als Annäherung an die Untersuchung der Zielsetzungen der Mobilitätsmaßnahmen in Bezug auf ihre Ausrichtung auf Kompetenzen wird zunächst ein Blick auf die Kompetenzorientierung in der Zielsetzung der Berufsausbildung als Ganzes geworfen. Das Ziel der Berufsausbildung im Berufsbildungsgesetz wird wie folgt definiert: „Die Berufsausbildung hat die für die Ausübung einer qualifizierten beruflichen Tätigkeit in einer sich wandelnden Arbeitswelt notwendigen beruflichen Fertigkeiten, Kenntnisse und Fähigkeiten (berufliche Handlungsfähigkeit) in einem geordneten Ausbildungsgang zu vermitteln. Sie hat ferner den Erwerb der erforderlichen Berufserfahrung zu ermöglichen."[206] Als ein anzuvisierendes Ziel nennt Dietzen die Verankerung von internationaler beruflicher Handlungskompetenz als Basiskompetenz in den Ausbildungsordnungen, so wie es in einigen europäischen Ländern bereits der Fall ist.[207]

Heimann analysiert die kompetenzorientierten Ziele für transnationale Mobilitätsmaßnahmen bezogen auf die Forderungen der Berufsausbildung.[208] Durch das im Berufsbildungsgesetz deklarierte Ziel, dass eine Ausrichtung der beruflichen Handlungskompetenz auf eine sich wandelnde Arbeitswelt erfolgen soll, wird die Notwendigkeit der internationalen Kompetenzen erkenntlich, da der Wandel maßgeblich durch die Internationalisierung der Wirtschaft sowie durch eine ständige Weiterentwicklung und Veränderung der Technologie bestimmt wird. Hinzukommend wird durch die Ermöglichung der erforderlichen Berufserfahrung die Forderung unterstützt, internationale Kompetenzen durch transnationale Mobilität zu entwickeln.

Der angesprochene Wandel in der Arbeitswelt führt auch zu der Notwendigkeit, konstruktiv mit Veränderungen umgehen zu können, und erfordert die Bereitschaft sich auf Neues einzu-

---

[205] Vgl. Wordelmann (2010), S. 7ff.
[206] BMBF (2007), S. 4, §1 Abs.3.
[207] Vgl. Dietzen (2010), S. 5.
[208] Vgl. Heimann (2010), S. 57.

lassen, um sich im Gastland zurechtfinden zu können.[209] Kristensen postuliert, dass es hierbei nicht nur um die Anpassung an internationale Arbeitsabläufe oder neue Technologien geht, sondern auch um den Umgang mit dem Veränderungsprozess selbst und die Beteiligung an einem Akkulturationsprozess.[210]

Wissensintensive Entwicklungsprozesse nehmen in der sich ständig verändernden Arbeitswelt immer mehr zu.[211] Die Kompetenz zur Reflexivität ist daher ein wichtiger Teil der im Gesetz genannten beruflichen Handlungsfähigkeit.[212] Durch den für die Reflexivität benötigten Abstand zum Eigenen und durch das Vorhandensein eines Gegenübers bieten transnationale Mobilitätsmaßnahmen die idealen Voraussetzungen hierfür.[213] „Dadurch, dass der Auszubildende sich in einem fremden Kontext befindet (fremdes Land, fremde Sprache, fremde Kultur, fremder Betrieb, fremde Verhaltensweisen), kann er das *Eigene* (das eigene Land, die eigene Sprache und Kultur, den eigenen Betrieb, das eigene Verhalten) überhaupt erst als solches wahrnehmen. Nur im Kontrast zum Anderen wird das Eigene bewusst."[214] Durch die Hinterfragung des Eigenen und die Aufhebung des Eigenen als einzige alleingültige Lösung können neue Erkenntnisse und Handlungsalternativen gewonnen werden, die z.B. zukünftig auch auf andere berufliche Situationen Anwendung finden können.[215] Wichtig dabei ist, dass der Prozess der Reflexion nicht unbegleitet stattfindet, um zu vermeiden, dass er in negative Auswirkungen mündet.[216]

Herauskristallisieren lassen sich hier aus der Analyse der Ziele der Berufsausbildung, übertragen auf die transnationalen Mobilitätsmaßnahmen, die Forderungen nach internationalen Kompetenzen, die Kompetenz zur Reflexivität sowie die Kompetenz, mit Veränderungen umgehen zu können.

Die Zielformulierungen der transnationalen Mobilitäts- und Austauschprogramme betrachtend ist festzustellen, dass die Forderung nach individueller Kompetenzentwicklung darin grundsätzlich verankert ist, zumeist durch die Nennung von internationalen Kompetenzen oder Teilaspekten dieser, wobei sich am häufigsten die interkulturelle Kompetenz wiederfinden lässt.[217] Zudem kann z.B. aus dem geforderten größeren europäischen Bürgersinn und der

---

[209] Vgl. Heimann (2010), S. 57.
[210] Vgl. Kristensen (2004), S. 91 und S. 97.
[211] Vgl. Heimann (2010), S. 60f.
[212] Vgl. Heimann (2010), S. 60f.
[213] Vgl. Heimann (2010), S. 60f.
[214] Heimann (2010), S. 60.
[215] Vgl. Heimann (2010), S. 60f.
[216] Vgl. Wordelmann (2009), S. 8.
[217] Vgl. exemplarisch: WSF (2007), S. 3 und S. 7; Neugebauer (2005), S. 2ff.; Busse & Fahle (1998), S. 2 und S. 6.

europäischen Identität zum Vorbeugen von Fremdenfeindlichkeit und Protektionismus[218] die Reflexionsfähigkeit des Einzelnen als Kompetenzforderung abgeleitet werden und der Umstand, dass junge mobile Menschen meist auch im späteren Berufsleben mobil sind,[219] beinhaltet, dass diese Menschen mit permanenten Veränderungsprozessen konfrontiert sind.

Die Kompetenzorientierung in den Zielsetzungen ist, wie bereits in Kapitel 2.2 erwähnt wurde, auch von der Dauer des geplanten Aufenthalts abhängig in dem Sinne, dass die Entwicklung von beruflicher Fachkompetenz mit zunehmender Länge des Aufenthalts an Bedeutung gewinnt, wohingegen bei kürzeren Aufenthalten die Entwicklung von internationalen Kompetenzen vor allem in Bezug auf persönliche und soziale Aspekte im Vordergrund steht.[220]

Die kompetenzorientierten Zielsetzungen der unterschiedlichen Mobilitätsprogramme lassen sich auch in den in Kapitel 2.2 beschriebenen Diskursen von Kristensen an verschiedenen Stellen wiederfinden. Heimann nimmt eine Unterteilung der Diskurse in organisatorische und inhaltliche Aspekte vor, an der erkennbar wird, bei welchen Diskursen die Zielsetzung auf der Kompetenzentwicklung liegt.[221] Sie stellt heraus, dass sich die Ziele aus dem zweiten Diskurs, bezüglich der Förderung von Arbeitskräftemobilität in Europa, sowie der systemische Teil des dritten Diskurses, bezüglich der Internationalisierung der Berufsbildung, auf organisatorische Aspekte wie fehlende Ausbildungskapazitäten und internationale Verfügbarkeit der Mitarbeiter beschränkt und somit die transnationale Mobilitätsmaßnahme nur Mittel zum Zweck ist und keine Kompetenzorientierung erkennbar wird. In den Diskursen eins, bezogen auf die interkulturelle Verständigung, und vier, bezüglich der Beschäftigungsfähigkeit, sowie im inhaltlichen Teil des dritten Diskurses, der auf den Erwerb von Fremdsprachen und interkultureller Kompetenz abzielt, geht es hingegen vor allem um das Vermitteln von Kompetenzen, die in gleichem Maße nicht im Heimatland erworben werden können. Auch die in Diskurs vier enthaltenen Schlüsselqualifikationen sind herauszustellen, welche unter anderem die Reflexionsfähigkeit und die Anpassung an sowie den Umgang mit Veränderungen beinhalten.

Die Kompetenzforderungen in den Zielsetzungen der transnationalen Mobilitätsmaßnahmen beinhalten auch die analysierten Kompetenzforderungen aus den Zielen der Berufsausbildung. Zusammenfassend können hier im Wesentlichen die internationalen Kompetenzen mit ihren Ausprägungen herausgestellt werden, sowie die diesem Konzept zugrunde liegenden Hand-

---

[218] Vgl. WSF (2007), S. 3 sowie Europäische Kommission (2009), S. 3.
[219] Vgl. Europäische Kommission (2009), S. 2.
[220] Vgl. Kristensen & Wordelmann (2008), S. 20.
[221] Vgl. Heimann (2010), S. 55f.

lungskompetenz zuzurechnenden Schlüsselqualifikationen, unter denen insbesondere die Reflexionsfähigkeit und der Umgang mit Veränderungen hervorzuheben sind.

4 Evaluation von Kompetenzen

Im folgenden Abschnitt dieser Studie wird nach einer allgemeinen Begriffserläuterung zunächst analysiert, welche Ziele eine Evaluation generell verfolgt, um davon abzuleiten, wie diese auf das hier zu entwickelnde Evaluationskonzept Anwendung finden. Des Weiteren werden die verschiedenen Ansätze zur Evaluation betrachtet, um daraufhin die Arten der Evaluation und der Kompetenzmessung aufzuzeigen. Anschließend wird auf einige Vorgehensweisen zur Erfassung der Kompetenzentwicklung in durchgeführten Evaluationen eingegangen. Diese werden kritisch betrachtet sowie erweiternde Evaluationsmöglichkeiten für eine fundierte Wirkungsanalyse der individuellen Kompetenzentwicklung durch die Teilnahme an transnationalen Mobilitätsmaßnahmen aufgezeigt.

4.1 Begriffserläuterung von Evaluation

Eine Definition für „Evaluation" zu finden, kann je nach Herangehensweise sehr einfach oder schier unmöglich sein. So beschreiben Wottawa & Thierau eine ganze Reihe von Definitionsversuchen.[222] Auch Stockmann attestiert dem Evaluationsbegriff, welcher in unterschiedlichen Zusammenhängen auftaucht und für verschiedenste Verfahrensbezeichnungen verwendet wird, eine wahre Bedeutungsvielfalt, die aufgrund der steigenden Beliebtheit des Begriffs in den letzten Jahren noch weiter gewachsen ist.[223] Auch diverse Unterteilungs- und Systematisierungsversuche konnten sich bisher noch nicht zu einem einheitlichen Verständnis durchsetzen und zu guter Letzt werden zahlreiche verwandte Begriffe wie z.B. Erfolgskontrolle, Wirkungskontrolle oder Qualitätskontrolle in verschiedenen Kontexten zum Teil synonym, zum Teil als Formausprägung von Evaluation gebraucht.[224] Die Definitionen hängen auch zentral davon ab, auf was der Begriff Evaluation bezogen wird. So bezieht sich z.B. Wulf bei seinen Ausführungen auf die Curriculumevaluation, bei der die Evaluation nicht auf die individuelle Leistungsbeurteilung abzielt, sondern auf die Beschreibung von Bildungsprogrammen.[225] Wottawa & Thierau haben sich entschieden, in einer Begriffserläuterung die grundsätzlichen Merkmale für die wissenschaftlich basierte Evaluation herauszukristallisieren.[226] Im Konsens bezieht sich Evaluation demnach auf Bewerten und dient somit als Planungs- und Entscheidungsunterstützung. Des Weiteren ist sie ziel- sowie zweckorientiert und eignet sich dazu Maßnahmen zu kontrollieren und verbessern zu können sowie Entscheidungen über die-

---
[222] Vgl. Wottawa & Thierau (2003), S. 13f.
[223] Vgl. Stockmann (2007 A), S. 25.
[224] Vgl. Wottawa & Thierau (2003), S. 13f.
[225] Vgl. Wulf (1972), S. 10.
[226] Vgl. Wottawa & Thierau (2003), S. 14.

se zu treffen. Zudem herrscht Einigkeit darüber, dass dieses stets unter Zuhilfenahme aktueller wissenschaftlicher Techniken und Methoden erfolgen soll. Diese Kennzeichen lassen sich auch in den Ausführungen von Stockmann zur Programmevaluation wiederfinden, der darüber hinaus deutlich macht, dass es „sehr darauf ankommt, wer was anhand welcher Kriterien wie evaluiert"[227].[228]

Dieser Evaluationsgedanke ließe sich nun auf die Evaluation von transnationalen Mobilitätsmaßnahmen anwenden. Für die Evaluation von individuellen Kompetenzen, wie sie im Konzept Anwendung finden soll, muss der Evaluationsgedanke noch übertragen werden. Im Betrachtungsmittelpunkt steht hierbei der Zweck einer Wirkungsanalyse. Zentral ist insofern das Messen und Erfassen der individuellen Kompetenzen, um Aufschluss bezüglich der individuellen Kompetenzentwicklung zu erhalten. In diesen Prozess eingebettet ist eine zielorientierte Komponente in Form der Lernzielvereinbarungen, die getroffen werden, um den Prozess sowie mögliche Zertifizierungen zu unterstützen und die unter Anwendung von Instrumenten der Kompetenzmessung kontrolliert werden können. Bezüglich der Forderung nach Anwendung aktueller Techniken und Methoden kann z.B. auf das „Handbuch Kompetenzmessung" von Erpenbeck & von Rosenstiel zurückgegriffen werden.[229]

4.2 Evaluationsziele

In diesem Kapitel sollen die Ziele der Evaluation analysiert werden, um darauf beziehend zu erörtern, inwiefern diese Ziele für das Evaluationskonzept Anwendung finden. Stockmann bietet hierfür folgende Grafik, in der er vier Evaluationsziele deklariert, die untereinander stark in Beziehung stehen.[230]

---

[227] Stockmann (2007 A), S. 27.
[228] Vgl. Stockmann (2007 A), S. 25ff.
[229] Vgl. Erpenbeck & von Rosenstiel (2007).
[230] Vgl. Stockmann (2007 A), S. 36ff.

Abbildung 2: Ziele der Evaluation

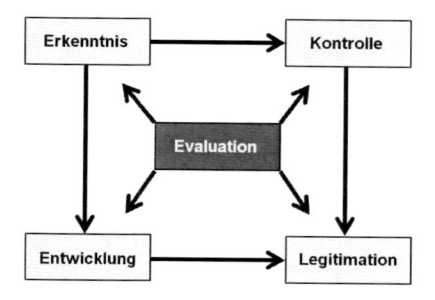

```
┌─────────────┐       ┌─────────────┐
│ Erkenntnis  │──────▶│  Kontrolle  │
└─────────────┘       └─────────────┘
       ↕   ↘       ↙   ↕
           ┌──────────┐
           │Evaluation│
           └──────────┘
       ↕   ↙       ↘   ↕
┌─────────────┐       ┌─────────────┐
│ Entwicklung │──────▶│ Legitimation│
└─────────────┘       └─────────────┘
```

Quelle: Stockmann (2007 A), S. 37.

Eine Unterscheidung in diese vier Ziele ist trotz ihrer Interdependenzen gerade in Hinblick auf die von ihrer Prioritätensetzung abhängigen Entscheidungen bezüglich der verschiedenen einsetzbaren Konzepte und Herangehensweise sinnvoll. Die Gewinnung von Erkenntnissen ist dabei Grundvoraussetzung, um auf deren Informationsgrundlage beurteilen zu können und Entscheidungen zu treffen. Sie ist nicht nur Voraussetzung für den Nutzen von Evaluation insgesamt, sondern die Erkenntnisgewinnung wird auch für die Erreichung der anderen Ziele benötigt. Neben der Entscheidungsfindung kann aber auch die Kontrolle auf Basis der Erkenntnisse im Vordergrund des Evaluationsinteresses stehen, bei der es darum geht mit Hilfe vorher festgelegter Kriterien die Erreichung der gesteckten Ziele zu überprüfen. Für die Entwicklung, bei der es sich um Lernprozesse dreht, die für die Weiterentwicklung der Maßnahmen von Interesse sind, können sowohl die gewonnenen Erkenntnisse wie auch die Kontrollergebnisse von Nutzen sein. Vor allem bei den formativen Evaluationen kommt dieser Evaluationsfunktion eine zentrale Stellung zu. Das vierte Ziel, die Legitimation, bietet die Möglichkeit über einen Input-Output-Vergleich mit Rückgriff auf die erhobenen Daten Nachweise bezüglich der Effizienz der eingesetzten Finanzmittel oder des erreichten Wirkungsgrads zu erhalten.

Stockmanns Ausführungen zu diesen Zielen erfolgen unter Bezugnahme auf die Programmevaluation, daher lassen sie sich ohne größere Transferleistung auf die vorliegenden Programmevaluationen von transnationalen Mobilitätsmaßnahmen wie z.B. den Evaluationen der Leonardo-da-Vinci Programme oder der bilateralen Austauschprogramme übertragen.[231] Mit den erhobenen Daten sollen sowohl die gesetzten Ziele der Maßnahmen kontrolliert werden, wie im gleichen Zuge aufgrund der Erkenntnisse auch die Maßnahmen weiterentwickelt und

---

[231] Vgl. exemplarisch: WSF (2007), ECORYS (2008) und Neugebauer (2005).

angepasst werden sollen.[232] Auch die Legitimation spielt in Form von durchgeführten Kosten-Nutzen-Analysen in den Programmevaluationen eine Rolle.[233]

Um auf das Evaluationskonzept Anwendung finden zu können, werden die erörterten Zielausprägungen entsprechend angepasst. So steht an oberster Stelle die Erkenntnisgewinnung, mit Hilfe derer auf die Wirkungen von transnationalen Mobilitätsmaßnahmen auf die individuelle Kompetenzentwicklung geschlossen werden kann. Zudem kann als Teilaspekt auch die Kontrolle der Zielerreichung angeführt werden, indem vorher festgelegte Lernzielvereinbarungen analysiert werden. Die Weiterentwicklung kann indirekt als Ziel Beachtung finden, da durch teilweise formative Evaluationsaspekte wie bspw. Dokumentationen der Teilnehmer über ihren Lernprozess bereits Kompetenzen während der Maßnahme bei den Teilnehmern weiterentwickelt werden. Die Legitimation steht hier als Ziel nicht im Vordergrund, da es nicht Teil des Konzeptes ist, festzustellen, welcher erreichte Grad an individueller Kompetenzentwicklung bzw. welche wie hoch gesteckten Lernziele der Maßnahme das Durchführen von transnationalen Mobilitätsmaßnahmen rechtfertigen würden, da diese je nach durchführender Einrichtung wie Betrieb, Schule oder Kammer sehr unterschiedlich ausfallen können.

Abbildung 3: Evaluationsziele für das Konzept

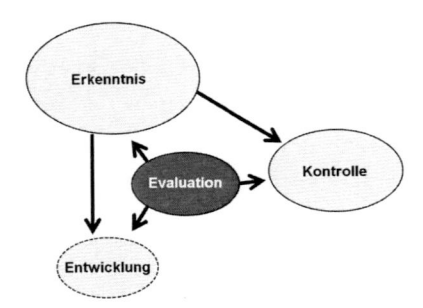

Quelle: Eigene Darstellung in Anlehnung an Stockmann (2007 A), S. 37.

Mit der Darstellung werden noch einmal die Gewichtungen und Beziehungen der Ziele verdeutlicht. Die Entwicklung ist hier bewusst gestrichelt dargestellt, da es sich hierbei um ein indirektes Evaluationsziel handelt.

---

[232] Vgl. exemplarisch: WSF (2007), S. 76ff.
[233] Vgl. exemplarisch: Neugebauer (2005), S. 5.

4.3 Evaluationsansätze und Vorgehensweisen

Für die Herangehensweise an eine Evaluation ist der jeweils zugrundeliegende Evaluationsansatz zu berücksichtigen. Die große Vielfalt der existierenden Ansätze mündet allerdings oft in Ratlosigkeit des Anwenders und führt dazu, dass immer mehr Ansätze konstruiert werden.[234] Stockmann schreibt hierzu: „Es gibt fast so viele Versuche, das Wirrwarr an Ansätzen zu kategorisieren, wie es Modelle gibt. [...] Die kaum überschaubare Komplexität vorhandener Ansätze und Modelle wird noch dadurch erhöht, dass viele Evaluationsvorhaben in der alltäglichen Praxis häufig ganz ohne Bezugnahme auf bestehende Modelle auskommen."[235]

Da eine detaillierte Analyse der Fülle an Evaluationsansätzen und Merkmalsausprägungen den für diese Studie gesteckten Rahmen überschreiten würde, konzentrieren sich die folgenden Erläuterungen auf die aus meiner Sicht für das Evaluationskonzept und somit für die Evaluation von Kompetenzen relevant erachteten Merkmale. Für eine Vertiefung dieser Themen kann exemplarisch auf Lee zu den Theorien der Evaluation, auf Fitzpatrick et al. zu der Klassifizierung der evaluationstheoretischen Ansätze sowie auf Stockmann und ebenso Wottawa & Thierau zu den umfassenden Beschreibungen der Evaluationsmerkmale in ihrem Hand- bzw. Lehrbuch zur Evaluation verwiesen werden.[236]

Stockmann beschreibt mit Fokus auf der Programmevaluation und unter Bezugnahme auf die Klassifizierung von Fitzpatrick et al. den zielorientierten Evaluationsansatz als auf die Beurteilung der Zielerreichung ausgelegt.[237] Der Ansatz beinhaltet eine einfache Überprüfbarkeit durch Soll-Ist-Vergleiche und eine leichte Legitimierbarkeit. Die Erkenntnisse daraus dienen zudem zur Spezifizierung der Ziele. In Bezug auf das Evaluationskonzept ist im Wesentlichen der Aspekt des Soll-Ist-Vergleichs hervorzuheben, mit dem die Zielerreichung der Lernzielvereinbarungen überprüft werden kann. Bei der Betrachtung des partizipativen Evaluationsansatzes liegt hingegen der Fokus auf dem Einbezug der an der Evaluation Beteiligten und von ihr Betroffenen.[238] Profitiert wird hierbei von der Bedürfnisfokussierung und der Erfassung der unterschiedlichen Perspektiven und Interessen. Für das zu entwickelnde Konzept wären solche Ansätze z.B. in der Form umsetzbar, dass Teilnehmer der Mobilitätsmaßnahmen sowohl an den Lernzielvereinbarungen sowie über kontinuierliche Dokumentationen ihrer Fortschritte auch an ihrer Kompetenzfeststellung mitwirken könnten. Ein weiterer Ansatz stellt

---
[234] Vgl. Stockmann (2007 A), S. 40.
[235] Stockmann (2007 A), S. 40.
[236] Vgl. Lee (2004), S. 139ff.; Fitzpatrick et al. (2004), S. 68f.; Stockmann (2007 A), S. 40ff.; Wottawa & Thierau (2003), S. 31ff.
[237] Vgl. Stockmann (2007 A), S. 47f. sowie Fitzpatrick et al. (2004), S. 68f.
[238] Vgl. Stockmann (2007 A), S. 47f. sowie Fitzpatrick et al. (2004), S. 68f.

die wirkungsorientierte Evaluation dar, bei der es um die Betrachtung der Veränderungen als Folge des Programms geht.[239] Diese Wirkungen können sich neben Programmen und Prozessen auch auf die individuellen Verhaltensweisen beziehen. Zudem können die Wirkungen intendiert oder nicht-intendiert auftreten und positive wie negative Effekte aufweisen. Zum Teil wird hier fälschlicherweise der Begriff Output angeführt, obwohl dieser hinsichtlich der Überprüfbarkeit der Zielerreichung lediglich die tatsächlich erbrachte Leistung beschreibt und somit eher der Zielorientierung zugeordnet wird.[240] Die Impact- und Outcome-Orientierung können wiederum der Wirkungsorientierung zugeordnet werden, wobei der Outcome die direkten kurz- wie mittelfristigen Wirkungen beschreibt und der Impact sich auf die nachhaltigen längerfristigen und indirekten Wirkungen bezieht, da über die Zeit weitere Kontextfaktoren Einfluss nehmen.[241]

Eine große Schwierigkeit bei der Wirkungsevaluation besteht darin, sämtliche zusätzliche Einflussfaktoren auf die gemessene Veränderung auszuschließen. Um möglichst zu einer genauen Analyse bezüglich der Ursache-Wirkungszusammenhänge kommen zu können, für die Ergebnisverzerrungen und mögliche Störfaktoren auszuschließen oder zumindest zu reduzieren sind, kann in der Evaluation unter anderem ein experimentelles Vorgehen gewählt werden.[242] Hierbei werden der Experimentablauf und die Rahmenbedingungen festgesetzt und konstant gehalten, sowie zwei Untersuchungsgruppen, eine am Experiment teilnehmende und eine Kontrollgruppe, durch zufällige Zuordnung gebildet. Bei beiden Gruppen findet sowohl vor wie nach dem Experiment eine Messung unter Einsatz der derselben Methoden und Instrumente statt, um anhand dieser Ergebnisse den Ursache-Wirkungszusammenhang bestätigen oder verwerfen zu können. Da allerdings diese Kriterien oft nicht einwandfrei einzuhalten sind, z.B. weil die Auswahl der Teilnehmer nicht zufällig erfolgt, findet man sich schnell in einem quasi-experimentellen Vorgehen wieder.[243] Jedoch sind oftmals die erforderlichen Rahmenbedingungen für ein experimentelles sowie quasi-experimentelles Vorgehen nicht gegeben und es kann daher auf eine Variante ausgewichen werden, mit der unter systematischer Anwendung von verschiedenen Erhebungsmethoden somit auf ein experimentelles sowie quasi-experimentelles Vorgehen verzichtet werden kann.[244]

Bezogen auf den Erhebungszeitpunkt und die Häufigkeit der Erhebungen können zudem weitere Untersuchungsdesigns zum Einsatz kommen. Beispielhaft können hier die Pretest-

---

[239] Vgl. Stockmann (2007 A), S. 65f.
[240] Vgl. Stockmann (2007 A), S. 65f.
[241] Vgl. Horn (2011), S. 79.
[242] Vgl. Meyer (2007 A), S. 144ff.
[243] Vgl. Meyer (2007 A), S. 144ff.
[244] Silvestrini & Reade (2008), S. 3.

Posttest-Untersuchung, bei der ein Vorher-Nachher-Vergleich stattfindet, die Panel-Untersuchung, bei der zusätzlich während der Maßnahme Messungen durchgeführt werden, oder die Zeitreihenanalyse, bei der viele Messungen vor und nach der Maßnahme durchgeführt werden, genannt werden.[245]

Die wirkungsorientiere Evaluation nimmt im Blickwinkel des Konzeptes eine entscheidende Position ein, da gerade die Erfassung der Wirkungen auf die individuelle Kompetenzentwicklung im Vordergrund steht. Der Betrachtungsfokus ist zudem am Outcome orientiert.

Eine weitere zu erwähnende Unterscheidung von Evaluationen besteht darin, ob sie formativ oder summativ angelegt ist. Unter formativer Evaluation wird die Prozess begleitende, konstruktive und gestaltende Evaluation verstanden, bei der es darum geht, ob die angestrebten und formulierten Ziele realisierbar sind.[246] Im Fokus des Konzeptes könnte dies auf die Dokumentationen der Teilnehmer bezüglich ihres Entwicklungsprozesses bezogen werden, anhand derer analysierbar ist, ob die vereinbarten Ziele erreichbar scheinen und wodurch Aufschluss über eventuell notwendige Anpassungen sowohl der Kompetenzraster wie auch bezüglich der Lernzielformulierungen gewonnen werden können.

Unter einer summativen Evaluation wird hingegen verstanden, dass eine globale, abschließende Bewertung gebildet wird und die Erreichung der Ziele anhand von Soll-Ist-Vergleichen überprüft wird.[247] Ausprägungen einer summativen Evaluation können somit dann anzutreffen sein, wenn es darum geht, die Überprüfung der Lernzielerreichung anhand einer abschließend erfassten Kompetenzbilanz vorzunehmen.

Auch bei der Realisierung gibt es verschiedene Verfahrensweisen. So wird hier grundsätzlich von zwei Möglichkeiten ausgegangen.[248] Von interner Evaluation wird gesprochen, wenn den Mitarbeitern einer Institution zugleich auch die operative Durchführung obliegt. Sofern der gleiche Mitarbeiter für Planung, Durchführung und Bewertung zuständig ist, wird von Selbstevaluation gesprochen. Einer schnellen und mit geringem Aufwand durchführbaren Evaluation, bei der die Mitarbeiter über hohe Sachkenntnisse verfügen, stehen die Schwächen entgegen, dass unter Umständen nicht die notwendige Methodenkompetenz und ausreichende Distanz und Unabhängigkeit vorausgesetzt werden kann. Bei der externen bzw. Fremdevaluation wird neben einer hohen Methodenkompetenz und Unabhängigkeit auch eine größere Glaub-

---

[245] Vgl. Bortz & Döring (2002), S. 450, S. 539 und S. 568.
[246] Vgl. Stockmann (2007 A), S. 34 und S. 64 sowie Wottawa & Thierau (2003), S. 35.
[247] Vgl. Stockmann (2007 A), S. 34 und S. 64 sowie Wottawa & Thierau (2003), S. 35.
[248] Vgl. Stockmann (2007 A), S. 61f. sowie Wottawa & Thierau (2003), S. 35.

würdigkeit gesehen, allerdings gelten als potenzielle Nachteile hierbei eine geringe Sachkenntnis, eventuelle Abwehrreaktionen bei den Beteiligten sowie gelegentlich höhere Kosten.

4.4 Allgemeine Methoden und Instrumente zur Evaluation

Die in der Evaluation vorzufinden Erhebungsmethoden zur Informationsbeschaffung können in drei unterschiedliche Bereiche geteilt werden.[249] So können Informationen durch Befragung, welche eine mal mehr mal weniger direkte Beteiligung der Evaluierten und Evaluierenden aufweist, durch Beobachtung, bei denen die Evaluierenden nicht aktiv in den Prozess eingreifen, sowie durch personenunabhängige Verfahren erhoben werden. Jede dieser drei Erhebungsgruppen lässt sich entsprechend weiter ausdifferenzieren; so kann die Befragung mündlich, z.B. in Form eines persönlichen Interviews oder am Telefon erfolgen. Bei Gruppeninterviews können die Delphi-Methode[250] oder das Peer-Review[251] erwähnt werden; bei schriftlicher Erhebung z.B. Tests oder Fragebogen. Eine Beobachtung kann sowohl offen wie auch verdeckt erfolgen und die personenunabhängigen Verfahren können anhand von Sekundärdaten oder Dokumentenanalyse vollzogen werden.[252]

Zudem können Erhebungsverfahren sowohl quantitativ wie auch qualitativ ausgestaltet sein, wobei quantitative Verfahren eine hohe Standardisierung aufweisen und qualitative Verfahren eher einen niedrigen Standardisierungsgrad besitzen, was jedoch wiederum zu bewusster oder unbewusster Einflussnahme durch die Beteiligten führen kann.[253] Weitere Unterschiede liegen darin, dass ein Verfahren subjektiv oder objektiv, standardisiert oder unstandardisiert, strukturiert oder unstrukturiert, offen oder geschlossen sein kann.[254] Jedes Verfahren hat seine natürlichen Grenzen und kann mit Vorteilen aufwarten, wie es auch mit Nachteilen zu kämpfen hat.[255] So werden oft quantitativ durchgeführten schriftlichen Befragungen wie z.B. standardisierten Fragebögen oder Tests Objektivität und eine günstige Durchführbarkeit zu Gute gehalten, aber zugleich auch eine gewisse Realitätsferne unterstellt. Diese Realitätsferne ist durch Beobachtungen vermeidbar, allerdings stellt sich hier das Problem, dass subjektive Zusammenhänge und Ursachen für das Verhalten nicht erfasst werden können, sondern später hineininterpretiert werden müssen. Unterschiede bestehen auch vor allem im Bezug auf den Aufwand. So sind qualitative Erhebungsverfahren in der Durchführung meist deutlich auf-

---

[249] Vgl. Meyer (2007 B), S. 225f.
[250] Vgl. Häder (2002), S. 19ff.
[251] Vgl. Gutknecht-Gmeiner (2008), S. 37ff.
[252] Vgl. Meyer (2007 B), S. 225f.
[253] Vgl. Meyer (2007 B), S. 226.
[254] Vgl. Wottawa & Thierau (2003), S. 131ff.
[255] Vgl. Wottawa & Thierau (2003), S. 131ff.

wendiger aber dafür tiefergehender in der Informationserhebung, während quantitative Erhebungsverfahren mehr Vorbereitung benötigen, dann aber umfassender für Large-Scale-Assessments[256] einsetzbar sind.

Diese hier nur kurz angesprochenen verschiedenen Erhebungsmethoden und Instrumente, nachzulesen bei Meyer[257] sowie bei Wottawa & Thierau[258], beruhen jeweils auf unterschiedliche Sichtweisen. Doch trotz bestehender verschiedener Sichtweisen und anhaltenden Diskussionen kann als Konsens formuliert werden, dass der Multimethodenansatz, die Kombination von quantitativen und qualitativen Methoden Fürsprache erhält.[259] Chelimsky beschreibt dies mit den folgenden Worten: „We think less today about the absolute merits of one method versus another, and more about wether and how using them in concert could result in more conclusive findings. [...] We have learned that the choice of methods (and measures and instruments and data) depends much more on the type of question being asked than on the qualities of any particular method."[260]

Zu beachten ist, dass jede Herangehensweise spezielle Gütekriterien impliziert. So finden z.B. die vor allem für Tests bekannten statistischen Gütekriterien Objektivität (gegeben, wenn verschiedene Evaluierende unabhängig voneinander und unter identischen Voraussetzungen zu den gleichen Ergebnissen gelangen), Validität (Genauigkeit, also ob das gemessen wurde, was gemessen werden sollte), und Reliabilität (Zuverlässigkeit, also ob eine Wiederholung der Erhebung unter identischen Bedingungen auch die gleichen Ergebnisse liefert), nicht auf alle Methoden gleichermaßen Anwendung.[261] Stockmann beschreibt z.B., dass bei einer Evaluationsausrichtung mit stark partizipativen Elementen plötzlich eine stellungsbezogene Wertung statt der üblichen Wertneutralität gefordert werden könnte, welche sich auf Gütekriterien wie z.B. Transparenz, Relevanz und Intervention beziehen könnte.[262]

Neben den Gütekriterien müssen für die jeweils gewählten Erhebungsmethoden auch verschiedene Bewertungselemente wie Skalierungen, Indikatoren und entsprechende Auswertungsverfahren berücksichtig werden. Einen Einblick hierzu bietet das „Handbuch zur Evaluation"[263] von Stockmann sowie das „Lehrbuch Evaluation"[264] von Wottawa & Thierau.

---

[256] Vgl. exemplarisch: Achtenhagen & Baethge (2008), S. 51ff.
[257] Vgl. Meyer (2007 B), S. 223ff.
[258] Vgl. Wottawa & Thierau (2003), S. 131ff.
[259] Vgl. Stockmann (2007 A), S. 46.
[260] Chelimsky (1995), S. 6.
[261] Vgl. Lienert & Raatz (1994), S. 7 und S. 9f.
[262] Vgl. Stockmann (2007 A), S. 43.
[263] Vgl. Stockmann (2007 B).
[264] Vgl. Wottawa & Thierau (2003).

Insgesamt bleibt festzuhalten, dass das sinnvolle Verbinden von möglichen Methoden und Instrumenten dazu führt, die gestellte Evaluationsfrage bzw. Aufgabe bestmöglich beantworten zu können.

4.4.1 Methoden und Instrumente in der Kompetenzmessung

Die Kompetenzmessung und ihre hierin Anwendung findenden Methoden hängen von dem jeweiligen zugrundeliegenden Kompetenzverständnis ab. Die Unterschiede gehen bis hin zur Eingrenzung der Verwendung des Messbegriffs. So hängt in einer engeren Auffassung die Verwendung des Messbegriffs mit der Annahme zusammen, dass Kompetenzen objektiv gemessen werden können.[265] Für die vorliegende Studie folgen wir einer weiteren Auffassung und verwenden Messung auch im Zusammenhang mit subjektiven Verfahren.[266]

Eingangs sind drei wesentliche Ebenen der Kompetenzmessung zu unterscheiden, da diese jeweils unterschiedliche Methoden und Erhebungsverfahren fordern.[267] Kompetenzmessung kann zum einen auf systemischer Ebene stattfinden und dient dazu, empirisch fundierte Aussagen bezüglich der Leistungsfähigkeit von Bildungssystemen zu erhalten.[268] Hier sind z.B. die PISA-Studien zu verorten. Um derartige Aussagen über ganze Bevölkerungsgruppen treffen zu können, ob z.B. ein bestimmter Bildungsstandard erreicht wurde, ist nach Hartig & Jude eine kriteriumsorientierte Testwertinterpretation, also ob ein vorher definiertes Kriterium erreicht wurde, notwendig.[269] Um die hierfür gebrauchten Kompetenzniveaus zu beschreiben, wird häufig auf Messmodelle der „Item-Response-Theorie" (IRT)[270] zurückgegriffen.[271] Die Vorteile in der Verwendung von Modellen der IRT liegen zum einen darin, dass sie eine parallele Skalierung von Personen und Itemparameter ermöglichen, wodurch das Antwortverhalten lediglich durch die Schwierigkeit des Items und die Fähigkeit der Person determiniert wird und zum anderen handelt es sich um zwei unabhängige Variablen, bei denen die Schätzung isoliert voneinander erfolgen kann und wodurch es letztendlich zulässig wird, Vergleiche zwischen Personen sowie unter Items anzustellen.[272] Des Weiteren kann Kompetenzmessung auf einer institutionellen Ebene erfolgen, die dann z.B. auf die Optimierung und Weiterentwicklung von Lehr-Lern-Arrangements und didaktischen Konzepten einzelner Institutio-

---
[265] Vgl. Frosch (2012), S. 8.
[266] Vgl. Erpenbeck & von Rosenstiel (2007), S. XXIX.
[267] Vgl. Seeber & Nickolaus (2010), S. 11.
[268] Vgl. Seeber & Nickolaus (2010), S. 11.
[269] Vgl. Hartig & Jude (2007), S. 24.
[270] Vgl. Rost (1996), S. 134ff.
[271] Vgl. Hartig & Jude (2007), S. 24.
[272] Vgl. Winther & Achtenhagen (2010), S. 20.

nen abzielt.²⁷³ Die dritte Ebene, welche auch für die vorliegende Studie die entscheidende ist, bezieht sich auf die individuelle Ebene, also die Kompetenzfeststellung im Einzelfall.²⁷⁴

Bezug nehmend auf das in Kapitel 3.3 herausgearbeitete Kompetenzverständnis sind im Besonderen qualitative Verfahren im Bereich der subjektiven Einschätzung von Bedeutung.²⁷⁵ Diese der Hermeneutik zuzurechnende Vorgehensweise, in welcher die subjektiven Einschätzungen analysiert werden, um die konstruierte Ansicht der Realität eines Menschen zu verstehen, ermöglicht z.B. durch Verfahren wie Kompetenzbilanzierungen, Portfolio-Verfahren oder biographische Interviews ein breites Spektrum von Kompetenzfacetten und deren Beziehungen zu erfassen.²⁷⁶ Dies deutet somit zwar auf eine höhere Validität hin, schneidet allerdings hinsichtlich Objektivität und Reliabilität weniger gut ab. Zudem ergibt sich aufgrund der subjektiven Interpretation und Einzelfallbetrachtung, die jeweils stark abhängig von der Erhebungssituation ist, die Schwierigkeit, dass die Ergebnisse nur im geringen Maße vergleichbar sind.²⁷⁷

Wie bereits ausgeführt, basiert die zurzeit vorzufindende Praxis der Kompetenzmessung in der beruflichen Bildung oftmals auf kognitionstheoretischen Zugängen.²⁷⁸ Zum Einsatz kommen meist quantitative standardisierte Messinstrumente, die als objektiv und reliabel eingestuft werden können, sich allerdings zumeist auf einzelne Aspekte der Fachkompetenz beschränken sowie das Verhältnis von kognitiven und motivationalen Elementen nicht abbilden.²⁷⁹ Auf den Bereich der Fachkompetenz in ausgewählten Berufsbereichen beschränkt können aber auch Verfahren, welche einer probabilistischen Testtheorie folgen, wie berufliche Fachleistungstests sowie computergestützte Simulationsaufgaben, durchaus Validität aufweisen.²⁸⁰ An die verschiedenen Projekte, auf die verwiesen wurde, knüpft auch die BMBF-Forschungsinitiative „Technologie-orientierte Kompetenzmessung in der beruflichen Bildung" (ASCOT)²⁸¹ an, welche zur Entwicklung outcome-orientierter Messinstrumente beitragen soll.²⁸²

---

²⁷³ Vgl. Seeber & Nickolaus (2010), S. 11.
²⁷⁴ Vgl. Seeber & Nickolaus (2010), S. 11.
²⁷⁵ Vgl. Frosch (2012), S. 8.
²⁷⁶ Vgl. Frosch (2012), S. 9.
²⁷⁷ Vgl. Frosch (2012), S. 9f.
²⁷⁸ Vgl. Frosch (2012), S. 10.
²⁷⁹ Vgl. Frosch (2012), S. 10.
²⁸⁰ Vgl. exemplarisch: Seeber & Nickolaus (2010), S. 12f., Abele & Gschwendtner (2010), S. 14ff., Winther & Achtenhagen (2010), S. 18ff.
²⁸¹ Vgl. http://www.ascot-vet.net.
²⁸² Vgl. BMBF (2012), S. 96.

Erpenbeck & von Rosenstiel stellen heraus, dass eine umfassende Kompetenzmessung vor allem durch Kombinationen von Methoden und Verfahrensweisen erreicht werden kann.[283] Auch wenn solche Kombinationen mitunter Kritik auf sich ziehen, indem argumentiert wird, dass es wenig zielführend sei, für jede Fragestellung ein spezielles Arrangement an Kompetenzmessmethoden zu entwickeln und zudem vielen insbesondere subjektiv ausgerichteten Messmethoden eine fehlende Validität unterstellt wird,[284] soll im Folgenden der Ansatz von Erpenbeck & von Rosenstiel aufgrund seiner sich bietenden Methodenvielfalt näher betrachtet werden. Für das Messen von Kompetenzen soll das Wissen aus verschiedenen Disziplinen genutzt werden. Somit kann z.B. für die Erhebung von Selbstkompetenz vor allem methodologisches sowie messtheoretisches Wissen aus der Persönlichkeits- und Motivationspsychologie, für das Messen von Sozialkompetenz aus der Sozialpsychologie und für das Messen von Fachkompetenz aus der kognitiven Psychologie und der Pädagogik ausgeschöpft werden.[285] Zu beachten ist außerdem, dass die Anwendung findenden Methoden Aussagen über die „Dispositionen selbstorganisierten Handelns" treffen.[286]

Des Weiteren ist bei der Erfassung der Kompetenzentwicklung zu berücksichtigen, dass diese entscheidend von der betrachteten Zeitspanne abhängt.[287] So könnte z.B. bei Fokus auf eine Erfassung des Kompetenzstatus zu einem spezifischen Zeitpunkt ein bündiger Kompetenzcheck zum Einsatz kommen, während bei der Ermittlung der Kompetenzentwicklung während der Teilnahme an einer Maßnahme eine Anfangs- und Abschlussmessung sinnvoll sein könnte, zudem wäre bei einer Langzeitbetrachtung über mehrere Jahre das Hinzunehmen von rückwärtsgerichteten qualitativen Analysen nützlich.[288]

In der Kompetenzmessung gilt es darüber hinaus das Beobachtungsproblem zu berücksichtigen.[289] Hier stehen an einem Ende die objektiven Messverfahren, basierend auf Ansatzpunkten der kognitiven Psychologie und Teilen der Sozialpsychologie. Dabei besteht das Anliegen, anhand von Statistik und modernen Messmethoden, Kompetenz wie eine Größe aus der Naturwissenschaft erfassen zu können. Im Vordergrund befindet sich die Fremdeinschätzung mit einer Art Sicht von außen, welche als Methode vorwiegend zur Erfassung von Fachkompetenz dient. Objektive Verfahren spiegeln sich zumal vor allem in quantitativen Messmethoden wider. Bei diesen auf Mess- und Skalierbarkeit abzielenden Methoden kommen z.B. eher

---

[283] Vgl. Erpenbeck & von Rosenstiel (2007), S. XXX.
[284] Vgl. Seeber & Nickolaus (2010), S. 12.
[285] Vgl. Erpenbeck & von Rosenstiel (2007), S. XXV.
[286] Vgl. Erpenbeck & von Rosenstiel (2007), S. XXV.
[287] Vgl. Erpenbeck & von Rosenstiel (2007), S. XXVI.
[288] Vgl. Erpenbeck & von Rosenstiel (2007), S. XXVI.
[289] Vgl. Erpenbeck & von Rosenstiel (2007), S. XXVIff.

Tests, Fragebogen, Check-Listen, task performances, standardisierte Interviews, Delphi-Methoden, Schätzskalen, systematische Beobachtungsverfahren und Experimente zum Einsatz. Am anderen Ende stehen die subjektiven Einschätzungsverfahren und Beschreibungen von Kompetenzen, ausgehend davon, dass eine objektive Erkenntnisgewinnung unmöglich sei. Die qualitative Sozialforschung hält hierfür Methoden vor, um diese subjektiven Erfassungen quantifizieren und interpretieren zu können. Eine von innen heraus erfolgte Kompetenzbeobachtung, die gleichermaßen als Selbst- wie auch Fremdeinschätzung erfolgen kann, findet oftmals bei der Kompetenzerfassung von Selbst- und Sozialkompetenz Anwendung. Subjektive Einschätzungen beziehen sich größten Teils auf qualitative Methoden, bei denen es um den Bedeutungszusammenhang geht. Hierunter finden sich z.B. Befragungen und unstrukturierte Beobachtungen, wobei jedoch eine saubere Trennung bei Befragungen und Beobachtung gar nicht recht möglich ist.

Die Mehrzahl der Kompetenzmessverfahren lassen sich häufig irgendwo zwischen diesen zwei Enden wiederfinden.[290] Zudem können qualitative Erhebungen einer quantitativen Auswertung unterzogen werden und quantitative Erhebungen ohne eine qualitative Auswertung gar nicht auskommen.[291] Eine Kombination dieser Methoden scheint daher, wie bereits von Stockmann in Kapitel 4.4 auf die Evaluation bezogen, der richtige Ansatz.[292] Erst aus der Berücksichtigung der Gesamtheit der hier aufgeführten Ausprägungen resultiert die spezifische Kombination an Messmethoden, welche abgestimmt auf die konkrete Aufgabe sinnvoll zur Anwendung kommen kann.[293]

4.4.2 Methoden und Instrumente in ausgewählten Evaluationen von Mobilitätsmaßnahmen

Im kommenden Abschnitt wird herausgestellt, mit welchen Methoden und Instrumenten versucht wird, die in Kapitel 3.5 festgestellten kompetenzorientierten Zielsetzungen in hier ausgewählten Evaluationen von transnationalen Mobilitätsmaßnahmen zu analysieren.

Im Auftrag der Europäischen Kommission hat die WSF in einer Studie untersucht, welche Wirkungen die Leonardo-da-Vinci Mobilitätsmaßnahmen auf Auszubildende und Arbeitnehmer haben.[294] Die Wirkungsanalyse basierte auf einem Fragebogen, der online oder postalisch

---

[290] Vgl. Erpenbeck & von Rosenstiel (2007), S. XXVIf.
[291] Vgl. Erpenbeck & von Rosenstiel (2007), S. XXVIIIf.
[292] Vgl. Stockmann (2007 A), S. 46.
[293] Vgl. Erpenbeck & von Rosenstiel (2007), S. XXX.
[294] Vgl. WSF (2007).

an Teilnehmer aus fast allen der 31 teilnehmenden Länder verschickt wurde und von denen 8.397 Personen geantwortet haben.[295] Um nachhaltige Wirkungen wie den Einfluss auf den späteren Berufsstatus oder die Anwendung der Kompetenzen im späteren Berufsalltag ebenfalls zu erfassen, erfolgte die Befragung zwischen 12 und 24 Monaten nach der Teilnahme an der Maßnahme. Von den 72 Fragen bezogen sich drei Fragen mit insgesamt 19 Items auf die persönliche, berufsfachliche und soziale Entwicklung.[296] Diese Items, wie z.B. „Fähigkeit neue Aufgaben zu übernehmen" oder „Fähigkeit fremde Kulturen kennenzulernen", lassen sich zum Großteil dem Konstrukt der internationalen Kompetenzen zuordnen. Die Teilnehmer wurden aufgefordert anhand einer 5stufigen Ordinalskala von „sehr hoch" bis „sehr gering" ihre Entwicklung selbst einzuschätzen, um somit Rückschlüsse auf die Wirkungen gewinnen zu können. Durchgeführt wurde diese Befragung zu einem einzigen Zeitpunkt längere Zeit nach der Teilnahme und ausschließlich beruhend auf der Selbsteinschätzung der Teilnehmer.

Auch im Rahmen der Studie „Verdeckte Mobilität in der beruflichen Bildung" von Friedrich & Körbel, durchgeführt von der WSF, wurden junge Menschen in der Erstausbildung in Deutschland per Online-Fragebogen zu ihrer transnationalen Mobilitätsmaßnahme befragt.[297] Die Teilnahme lag unterschiedlich viele Jahre zurück und die Ermittlung der Wirkungen auf die Kompetenzen beschränkte sich auch hier auf die Selbsteinschätzung anhand von ca. 12 Items, welche inhaltlich den kompetenzorientierten Zielen zugerechnet werden können und deren Ausprägungsstärke anhand einer 5stufigen Ordinalskala gemessen wurde.

Neugebauer analysiert anhand summativen Vorgehens in seiner „Evaluation der bilateralen Austauschprogramme" die Zielerreichung sowie den Prozess der mit Frankreich, Großbritannien und den Niederlanden stattfindenden Programme.[298] Neben einer Kosten-Nutzen-Analyse zur Wirtschaftlichkeitsprüfung umfasst diese auch eine ex-ante Evaluation zur Bewertung von neuen Programmgestaltungsmöglichkeiten. Durchgeführt wurde die Evaluation auf der Ebene der individuellen Selbsteinschätzungen der Teilnehmer, auf der Ebene der Einschätzungen von institutionell Verantwortlichen und auf einer Organisationsebene. Betrachtet wird hier im Weiteren nur das methodische Vorgehen, welches sich auf die Erfassung der Wirkungen auf die Kompetenzentwicklung der Teilnehmer bezog. Für die Selbsteinschätzung der Teilnehmer unter anderem bezüglich der internationalen Kompetenzen wurde ein Fragebogen mit teils offenen und teils geschlossenen Antwortmöglichkeiten eingesetzt und zudem als Kriterium der Erfolgsmessung eine Vergleichsgruppe herangezogen. Neben den Fragebö-

---

[295] Vgl. WSF (2007), S. XVI und S. 8.
[296] Vgl. WSF (2007), S. 47ff. und S. 90.
[297] Vgl. Friedrich & Körbel (2011), S. 23f. und 53ff.
[298] Vgl. Neugebauer (2005), S. 5f.

gen fanden des Weiteren telefonisch durchgeführte Nachbefragungen statt sowie eine Fremdeinschätzung der Teilnehmer durch die institutionell Verantwortlichen.

Eine weitere summative Evaluation legten Busse & Fahle mit ihrer „Untersuchung zu längerfristigen Auslandsaufenthalten von Auszubildenden und jungen Berufstätigen" vor.[299] Diese Untersuchung, gerichtet an deutsche Teilnehmer, die drei bis zehn Jahre zuvor an einem durch die Carl Duisburg Gesellschaft koordinierten Programm teilnahmen, galt der Analyse von langfristigen Auswirkungen solcher Mobilitätsmaßnahmen auf die Kompetenzentwicklung der Teilnehmer. Eingesetzt wurden hier sowohl eine quantitative Methode, in Form eines Fragebogens und eine qualitative in Form eines Workshops. Der Fragebogen war so konzipiert, dass er die Bewertung der Items auf einer Ordinalskala mit fünf Ausprägungen anhand subjektiver Selbsteinschätzungen der Teilnehmer erfasste. Um auf die Wirkungen der Maßnahme bezüglich der Kompetenzentwicklung der Teilnehmer schließen zu können, fokussierte sich die Itemformulierung auf Teile der unter Punkt 3.4 festgelegten internationalen Kompetenzen, im Genauen die Fremdsprachenkompetenz und interkulturelle Kompetenz sowie auf Teile dieser zugrundeliegenden beruflichen Handlungskompetenz, die Selbst- und Sozialkompetenz. Eine Unterstützung der Aussagekraft sollte durch den qualitativen Workshop erreicht werden, bei dem Akteure wie Berufsschullehrer, Ausbilder oder Kammervertreter die ausgefüllten Fragebögen aus Sicht ihrer Einrichtungen analysierten, jedoch erfolgte dies ohne formativen Austausch mit den Teilnehmern der Maßnahme.

Einen rein qualitativen Ansatz wählt Barthold, indem er mit 34 Teilnehmern an betrieblichen Mobilitätsmaßnahmen im Anschluss an ihren Aufenthalt Interviews führte, um so Aufschluss über ihre Kompetenzentwicklung zu erhalten.[300] Im Interview wurde rein die Selbsteinschätzung der Teilnehmer erfasst, die sie anhand von Beispielen verdeutlichen sollten. Die Untersuchungsitems waren an das Verständnis der beruflichen Handlungskompetenz der KMK angelehnt.

Für die Betrachtung von Evaluationsstudien in benachbarten Bildungsbereichen kann hier eine Studie aus dem Hochschulbereich bezüglich des ERASMUS Programms angeführt werden.[301] Hierbei wurden die Teilnehmer direkt nach der Maßnahme zu ihren Einschätzungen bezogen auf den aktuellen Zeitpunkt sowie retrospektiv bezogen auf den Zeitpunkt vor der Maßnahme unter anderem bezüglich ihrer Fremdsprachenkompetenz sowie den Kenntnissen des Gastlandes und den Ansichten der jeweiligen Kultur befragt. Eine erneute Befragung der

---
[299] Vgl. Busse & Fahle (1998), S. 4ff.
[300] Vgl. Barthold (2010), S. 124f.
[301] Vgl. Teichler et al. (1999), S. 85ff.

gleichen Teilnehmer fand fünf Jahre danach statt. Eingesetzt wurde jeweils ein Fragebogen zur Selbsteinschätzung mit einer fünf- und siebenstufigen Ordinalskala. Ein Vergleich auf individueller Ebene, um die jeweilige Kompetenzentwicklung festzustellen, wurde jedoch nicht vorgenommen, sondern es erfolgte eine Analyse auf Basis der Gesamtmittelwerte.

4.5 Kritik der betrachteten Evaluationen und weiterführende Verbesserungsmöglichkeiten

Insgesamt ist bei den in Kapitel 4.4.2 betrachteten Evaluationen festzustellen, dass diese sich auf summative Evaluationen konzentrieren und somit einen wichtigen Aspekt, die partizipative Mitgestaltung der Teilnehmer am Evaluationsprozess vernachlässigen. Durch die partizipative Mitgestaltung kann es jedoch möglich werden, z.B. durch den Einsatz von Portfolios[302], anhand der kontinuierlichen Aufzeichnungen der Teilnehmer Erkenntnisse zu gewinnen über deren Reflexionsfähigkeit und ihren Umgang mit der veränderten Situation, sich in einem fremden Land, in einer fremden Kultur zurechtzufinden und anzupassen. Portfolios sind somit gerade in Bezug auf transnationale Mobilitätsmaßnahmen als Methode zur Kompetenzmessung interessant.[303] Der Einsatz von Portfolios findet bspw. Anwendung in dem in Kapitel 3.4 genannten CFEC sowie bei Kompass, bei deren Methode ein internetbasiertes E-Portfolio eingesetzt wird.[304] Auch beim schweizerischen „CH-Q Kompetenz-Management-Modell" wird die Bedeutung des Portfolios herausgestellt, da Erlebtes durch schriftliches Dokumentieren in Berichten reflektiert wird und das Nachsinnen bezüglich eigener Verhaltensweisen Aufschluss über normalerweise Verdecktes gewährt.[305]

Als Erhebungsinstrumente werden bei den Evaluationen, bis auf die Interviewmethode bei Barthold, ausschließlich Fragebögen eingesetzt. Erfasst werden bei allen betrachteten Evaluationen die Selbsteinschätzungen der Teilnehmer, wobei zumindest in der Studie von Busse & Fahle zusätzlich eine allgemeine Fremdeinschätzung bezüglich der Wirkungen auf die Teilnehmer durch unterschiedliche im Prozess eingebundene Akteure erfolgt. Die Kompetenzmessung anhand von Selbsteinschätzungen vorzunehmen ist durchaus eine Möglichkeit.[306] Jedoch ist bei Verwendung von Selbsteinschätzungen einschränkend anzumerken, dass diese

---

[302] „Portfolios sind Mappen, in denen Arbeitsergebnisse, Dokumente, Visualisierungen und alle Arten von Präsentationen bis hin zu audiovisuellen Dokumentationen oder Kunstwerken eigenständig von Lernern gesammelt und reflektiert werden. Das Portfolio soll während einer Ausbildungs- und Lernphase dazu anhalten, wichtige Inhalte, Methoden und Ergebnisse (pieces of evidence) gezielt zu beobachten und schriftlich oder in anderer Form dokumentiert festzuhalten." Reich (2006), S. 17.
[303] Vgl. Heimann (2010), S. 327.
[304] Vgl. European Elos Network (2010), S. 1 und unter: http://www.europe-compass.eu.
[305] Vgl. Calonder Gerster (2007), S. 722.
[306] Vgl. Erpenbeck & von Rosenstiel (2007), S. XXVII.

durch das soziale Umfeld beeinflusst werden können und somit die Einschätzung des Teilnehmers gegebenenfalls im Vergleich zu dem ihm umgebenen Personenkreis erfolgt.[307] Die reine Selbsteinschätzung ohne Kombination mit weiteren Erhebungen ist somit nicht verlässlich genug oder gar manipulationsanfällig, wie es Sarges & Wottawa in Bezug auf Teilnehmerangaben zu ihrem üblichen Verhalten in bestimmten Situation formulieren, was dadurch eingegrenzt werden kann, indem die Selbsteinschätzung mit anderen Instrumenten wie z.B. strukturiertes Interview oder Assessment Center verknüpft werden.[308] Daher ist, wie bereits in Kapitel 4.4.1 resümiert, hier eine Kombination von Kompetenzmessmethoden anzuraten. Die Erhebung mittels Selbsteinschätzung könnte um weitere Methoden wie z.B. eine Fremdeinschätzung ergänzt werden. Möglichkeiten hierfür zeigen sich bspw. bei der Kompass-Methode, bei der die Selbsteinschätzung des Teilnehmers mit einer Fremdeinschätzung mittels Interview durch den Betreuer verknüpft wird und auf Basis dessen, neben den Ist-Profilen auch Soll-Profile als Lernzielvereinbarungen generiert werden.[309] Auch die Verbindung mit dem bereits angesprochenen Portfolio-Verfahren ist hier denkbar. Eine weitere Möglichkeit könnte das Verknüpfen mit einem Beobachtungsverfahren sein, z.B. in Anlehnung an das „Kasseler-Kompetenz-Raster" (KKR), anhand dessen durch detaillierte Beobachtung des Verhaltens in der Gruppe bei der Lösung einer relevanten Optimierungsaufgabe auf die Kompetenzen geschlossen wird.[310] Einzelne Kompetenzausprägungen betrachtend könnte bspw. die Fremdsprachenkompetenz durch Sprachtests festgestellt werden, welche sich an dem handlungsorientierten Konzept und den Sprachkompetenzniveaustufen des CFER[311] ausrichten, oder bezüglich der Fachkompetenz könnten z.B. computersimulierte Verfahren zur Erfassung der berufsfachlichen Handlungskompetenz infrage kommen.[312]

Zudem darf angezweifelt werden, ob für den Rückschluss auf die Wirkungen eine Erhebung lediglich am Ende oder gar einige Zeit nach der Maßnahme ausreichend ist. So zeigt die WSF in ihrer Studie zur „Analyse der Wirkungen von Leonardo-da-Vinci Mobilitätsmaßnahmen" diese methodischen Schwächen bereits auf.[313] Es wird darauf hingewiesen, dass aufgrund einer fehlenden Vorher-Befragung und das Nicht-Einsetzen einer Vergleichsgruppe die Ergebnisse der Befragung mit gewisser Vorsicht zu interpretieren sind. Wirkungen der Maßnahme auf die Kompetenzentwicklung sind somit nicht direkt ermittelbar, z.B. könnte eine

---

[307] Vgl. Hartig & Jude (2007), S. 26.
[308] Vgl. Sarges & Wottawa (2004), S. VIIIf.
[309] Vgl. http://www.europe-compass.eu.
[310] Vgl. Kauffeld et al. (2007), S. 226.
[311] Vgl. http://www.coe.int/t/dg4/linguistic/Source/Framework_EN.pdf sowie unter: http://europass.cedefop.europa.eu/de/resources/european-language-levels-cefr.
[312] Vgl. exemplarisch: Winther & Achtenhagen (2010), S. 18ff.
[313] Vgl. WSF (2007), S. 12f.

hohe ermittelte Fremdsprachenkompetenz auch damit zusammenhängen, dass vor allem sehr fremdsprachenaffine Personen an den Mobilitätsmaßnahmen teilnehmen. Hinzu kommt, dass durch den zeitlichen Abstand zwischen Beendigung der Maßnahme und Befragung der Teilnehmer, wie es sowohl in der WSF-Studie[314] und auch in der Untersuchung von Busse & Fahle[315] der Fall ist, unberücksichtigt bleibt, dass die persönlichen, sozialen und beruflichen Veränderungen dieser Zeit danach auch die Angaben in der Befragung beeinflussen. Für die Ermittlung der individuellen Kompetenzentwicklung ist daher die Messung der Kompetenzen zu verschiedenen Zeitpunkten erforderlich,[316] wie dies z.B. bei der Kompass-Methode zu Beginn und bei Beendigung des Aufenthalts im Ausland vorgenommen wird.[317]

In der ERASMUS-Studie im Hochschulbereich lässt sich dieser wichtige Aspekt für die Wirkungsanalyse erkennen, da der Entwicklungsprozess Betrachtung findet, indem die gleichen Teilnehmer in zeitlichen Abständen mehrfach befragt werden.[318] Die Daten werden jedoch nur über zusammengefasste Gesamtmittelwerte verglichen und es wird auf die Möglichkeit verzichtet, die individuellen Kompetenzentwicklungen der Teilnehmer zu ermitteln.

Das Erhebungsvorgehen von Barthold per strukturierter Interviews verbunden mit der Aufforderung, die Angaben mit Beispielen zu belegen, geht einen Schritt weiter, da die Teilnehmer ihre Einschätzungen reflektiert begründen müssen.[319] Dennoch geht auch hier das Verfahren nicht über die Selbsteinschätzung hinaus. Neben dem bereits angemerkten anzuratenden Methodenmix scheint zudem für die Reflexion des eigenen Handelns das Portfolio-Vorgehen zielführender als das Nennen von Beispielen in einem abschließenden Interview.

Das Vorgehen mithilfe einer Vergleichsgruppe, welche Neugebauer in seiner Studie einsetzt, kann die Wirkungsanalyse verfeinern, indem die Wirkungen eindeutiger auf die Teilnahme an der Maßnahme zurückgeführt werden können.[320] Kritisch anzumerken ist jedoch, dass die Auswahl der Teilnehmer oft eine Auswahl der „Besten" darstellt und Betriebe manchmal sogar, wie in Kapitel 2.2 beschrieben, die Teilnahme an transnationalen Mobilitätsmaßnahmen als Belohnung für herausragende Leistungen einsetzen. So eine selektive Stichprobe führt somit zur Einschränkung des Vergleichsgruppeneffekts.

---

[314] Vgl. WSF (2007), S. 8.
[315] Vgl. Busse & Fahle (1998), S. 8.
[316] Vgl. Erpenbeck & von Rosenstiel (2007), S. XXVI.
[317] Vgl. http://www.europe-compass.eu.
[318] Vgl. Teichler et al. (1999), S. 85ff.
[319] Vgl. Barthold (2010), S. 124.
[320] Vgl. Neugebauer (2005), S. 5.

Bei vielen der Studien kann auch kritisch angemerkt werden, dass einige der Items direkt auf die Veränderung von Persönlichkeitsmerkmalen, wie z.b. Eigeninitiative oder Offenheit gegenüber Neuem abzielen und bei diesen eine positive Auswirkung festgestellt wird.[321] Persönlichkeitsmerkmale wie z.b. die sogenannten „big five" „Extraversion, Emotionale Stabilität, Offenheit für neue Erfahrungen, Gewissenhaftigkeit und Verträglichkeit"[322] werden jedoch als zeitlich relativ stabil angesehen.[323] Auch Heyse & Erpenbeck machen darauf aufmerksam, dass die Persönlichkeitsmerkmale von individuellen Kompetenzen klar zu unterscheiden sind.[324] Die Betrachtung der Entwicklung dieser Merkmale sollte daher nicht auf das Merkmal selbst gerichtet sein, sondern im Besonderen auf die Handlungsfähigkeit im interkulturellen Kontext erfolgen.

An dieser Stelle soll erwähnt sein, dass sich die Kritik auf die hier betrachteten Evaluationen bezieht und nicht ausgeschlossen werden soll, dass eventuell auf individueller Ebene in Betrieben, Schulen oder weiteren Einrichtungen auch andere Evaluationsmethoden zur Erfassung der Kompetenzentwicklung zur Anwendung kommen. So kann z.B. auf Heimann hingewiesen werden, die anhand von fünf Fallbeispielen aus verschiedenen Bildungsbereichen und unterschiedlichen Bildungsträgern die Methoden der Nachbereitung von Auslandspraktika analysiert hat.[325] Es wird zwar in allen Fällen von den Teilnehmern das Anfertigen von Erfahrungsberichten gefordert, und auch ein Abschlussgespräch entweder in Form von Einzelgesprächen oder Gruppengesprächsrunden findet statt, jedoch werden diese lediglich dazu genutzt, allgemein über den Erfahrungsaustausch zu reden oder ein organisatorisches Feedback zu erhalten. Nur in einem einzigen Fall wird mittels Gegenüberstellung von Selbst- und Fremdeinschätzung auf die individuelle Kompetenzentwicklung der Teilnehmer eingegangen. In zwei Fällen werden immerhin berufsfachliche Projektarbeiten vorgetragen, wobei noch zu unterscheiden gilt, ob diese letztendlich nur der Vorbereitung nachfolgender Teilnehmer gelten oder wirklich zur Ermittlung von Fachkompetenz genutzt werden.

Die berufsfachliche Kompetenz fokussierend kann zudem auf diverse Pilot-Projekte für unterschiedliche Berufsbereiche hingewiesen werden, welche sich an ECVET orientieren und sich auf die Definition von Lernergebniseinheiten konzentrieren, um im Ausland erbrachte Leistungen in die nationale Ausbildung bestmöglich integrieren zu können.[326] Je nach Projekt basieren diese auf unterschiedlichen methodischen Ansätzen. Einige von diesen wurden bereits

---

[321] Vgl. exemplarisch: WSF (2007), S. 83.
[322] Sarges & Wottawa (2004), S. VIII.
[323] Vgl. Sarges & Wottawa (2004), S. VIII.
[324] Vgl. Heyse & Erpenbeck (2009), S. XIV.
[325] Vgl. Heimann (2010), S. 235ff.
[326] Vgl. Küßner & Drews (2011), S. 30.

beispielhaft in Kapitel 2.3.2 unter den ECVET-Projekten genannt. Hier soll kurz auf das Projekt „Modules for Vocational Education and Training for Competences in Europe" (MOVET)[327] eingegangen werden, welches auf den Bereich Automatisierungstechnik aus dem Berufsfeld Mechatroniker abzielt.[328] Die kompetenzorientierten Beschreibungen der Lernergebnisse der Lerneinheiten werden in einer Kompetenzmatrix mit verschiedenen Kompetenzniveaustufen dargestellt. Für die Überprüfung der vorher durch entsendende und aufnehmende Einrichtung sowie den Teilnehmer selbst festgelegten Lernzielvereinbarungen bezüglich des zu erreichenden Kompetenzniveaus am Ende des Aufenthalts können diverse Bewertungsmethoden von Fachtests, Fachgesprächen, simulierten Arbeitsaufgaben bis hin zu Beobachtungsverfahren zur Anwendung kommen. Dokumentiert werden die erworbenen Kompetenzen am Ende im Europass Mobilität.

Die Kritikpunkte und zusätzliche Ansatzpunkte zur Kompetenzmessung aufgreifend wird als Unterstützung zum allgemeinen Herangehen an die Evaluation zur Erfassung der individuellen Kompetenzentwicklung in Kapitel 5 ein Vorschlag für ein Evaluationskonzept präsentiert.

---

[327] Vgl. http://www.gomovet.eu.
[328] Vgl. Küßner & Drews (2011), S. 31.

5 Das Evaluationskonzept

Dieses Konzept hat das Ziel, interessierten Bildungsakteuren eine Hilfestellung für das Herangehen an die Evaluation der Wirkungen von transnationalen Mobilitätsmaßnahmen auf die individuelle Kompetenzentwicklung zu geben.

Hierfür greife ich entsprechend auf die jeweiligen Kapitel zurück. Ich nehme Bezug auf Kapitel 3.5, in dem die kompetenzorientierten Zielsetzungen der transnationalen Mobilitätsmaßnahmen ausführlich untersucht worden sind, welche zuvor in Kapitel 2 detailliertere Betrachtung fanden. Anhand dieser Ergebnisse fokussiert das Konzept diese als Ziele analysierten internationalen Kompetenzen, sowie die diesen zugrunde liegende berufliche Handlungskompetenz, einschließlich der Schlüsselqualifikationen, unter denen vor allem die Kompetenz zur Reflexion und der Umgang mit Veränderungen aufgeführt werden. Die internationalen Kompetenzen umfassen dabei, wie in Kapitel 3.4 resümiert wird, die Fremdsprachenkompetenz, die internationale/interkulturelle Fachkompetenz, die interkulturelle Sozial- und Selbstkompetenz sowie die Netzkompetenz.

Die aus Kapitel 4.2 transferierten Ziele der Evaluation auf das Konzept fokussieren vor allem die Erkenntnisgewinnung, um eine Wirkungsanalyse bezüglich der individuellen Kompetenzentwicklung vornehmen zu können. Zudem können die Erkenntnisse dazu dienen, die Erreichung der vorher festgelegten kompetenzorientieren Lernzielvereinbarungen zu kontrollieren. Außerdem entwickeln sich die Kompetenzen bereits teilweise durch die Evaluation selbst weiter.

Das Konzept orientiert sich dabei an den in Kapitel 4.3 untersuchten Evaluationsansätzen sowie den Methoden und Instrumenten aus Kapitel 4.4.1 und berücksichtigt im besonderen Maße die in Kapitel 4.5 dargestellte Kritik und mögliche Verbesserungsansätze.

5.1 Konzeptansatz

Für das vorliegende Konzept zur Ermittlung der Wirkungen transnationaler Mobilitätsmaßnahmen auf die individuelle Kompetenzentwicklung schlage ich vor, bei der Verwendung verschiedener Erhebungsmethoden, wie dies in Kapitel 4.4.1 begründet wurde, eine Kompetenzmessung bei den Teilnehmern zu unterschiedlichen Zeitpunkten vorzunehmen. Dieser Zugewinn durch Erhebungen unmittelbar vor Antritt der Maßnahme, während der Maßnahme, am Ende und zudem noch einmal eine bestimmte Zeit nach der Maßnahme, wurde in Kapitel 4.5 herausgestellt.

Die folgende Abbildung veranschaulicht diese unterschiedlichen Erhebungszeitpunkte, um die Einflüsse der transnationalen Mobilitätsmaßnahme auf die individuelle Kompetenzentwicklung mittels Wirkungsanalyse festzustellen. Die gestrichelte Linie nach Beendigung der Maßnahme beruht auf den Einfluss von Störfaktoren, worauf weiter unten noch genauer eingegangen wird.

Abbildung 4: Evaluationskonzeptansatz

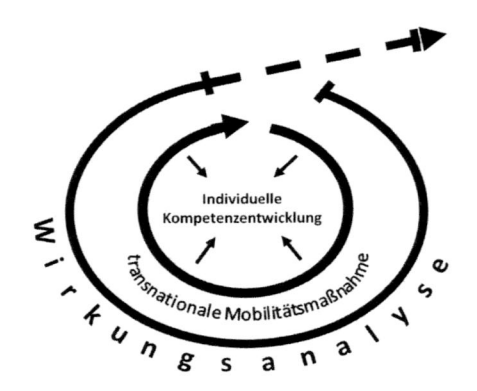

Quelle: Eigene Darstellung

Die Wirkungsanalyse, in Anlehnung an den wirkungsorientierten Ansatz aus Kapitel 4.3 zur Ermittlung sowohl der intendierten sowie der nicht-intendierten Wirkungen, richtet sich nach verschiedenen dort erwähnten Untersuchungsverfahren aus. Der Einsatz eines Vorher-Nachher-Vergleichs lehnt sich an eine Pretest-Posttest-Untersuchung an, wodurch der Entwicklungsschritt der Kompetenzen durch den Vergleich der Ergebnisse zweier summativer Erhebungen festgestellt werden kann. Ergänzt wird das Verfahren durch eine Orientierung an der Panel-Untersuchung, wonach durch kontinuierliche Aufzeichnungen während der Maßnahme unter Anwendung von Portfolios die Analyse der Wirkungen noch fundiert werden kann. Dadurch werden formative Ausprägungen erkenntlich, da die Aufzeichnungen in den Portfolios direkte Auswirkungen auf die individuellen Kompetenzen wie z.B. die Reflexionsfähigkeit haben können. Zudem kann, z.B. durch das Vereinbaren der kompetenzorientierten Lernziele unter Mitwirkung des Teilnehmers sowie der entsendenden und aufnehmenden Einrichtung, erreicht werden, dass die Teilnehmer sich während der Maßnahme an einem „Roten Faden" orientieren können. Damit bietet sich die Möglichkeit, am Ende der Maßnahme mit einem Soll-Ist-Vergleich die formale Anerkennung der Kompetenzentwicklung zu unterstützen. Hierin spiegeln sich Aspekte des in Kapitel 4.3 beschriebenen zielorientierten Ansatzes wider. Ein partizipativer Ansatz zeigt sich indes in der Ausgestaltung des Vorgehens, indem die Teilnehmer sowohl bei der Ermittlung ihrer Kompetenz anhand von Selbsteinschätzungen und Portfolios wie auch bei den Lernzielvereinbarungen mitwirken, wodurch unter anderem die für das Durchführen solcher Evaluationen notwendige Akzeptanz bei den Teilnehmern gewonnen werden kann.

Die Kompetenzmessung einige Zeit nach der Maßnahme erfolgt in Anlehnung an eine retrospektive Untersuchung und dient zusätzlich zur Analyse der anhaltenden Wirkungen und somit zur Überprüfung des Outcomes, also der nach Beendigung festgestellten individuellen Kompetenzentwicklung. Dies erscheint notwendig, da davon ausgegangen werden kann, dass Kompetenzmessungen in Form von Selbsteinschätzungen bei direkter Befragung nach der Teilnahme eher positiv ausfallen.[329] Als angemessener zeitlicher Abstand zur Maßnahme, wird hier die in der WSF-Studie verwendete Zeitspanne von 12 bis 24 Monaten nach Beendigung der Maßnahme gewählt.[330] Bei einem größeren zeitlichen Abstand würden zu viele Umgebungseinflüsse und Störfaktoren Einfluss nehmen, bspw. Erinnerungsfehler oder die Veränderung des Berufsstatus auf die Selbsteinschätzung. Diese mögliche ungewollte Verzerrung wird in der Abbildung 4 durch die gestrichelte Linie dargestellt. Abzugrenzen ist das Vorgehen allerdings von Evaluationsaspekten der in Kapitel 4.4.2 betrachteten Evaluationen zur Analyse nachhaltiger Auswirkungen der Teilnahme an transnationalen Mobilitätsmaßnahmen, wobei untersucht wird, wie die erworbenen Kompetenzen sich z.B. auf den Berufsstatus und den beruflichen Erfolg auswirken oder in welchem Umfang die erworbenen Kompetenzen im Berufsalltag Anwendung finden und sich somit eher auf die Legitimation der Programme beziehen.[331]

Um die Wirkungen auf die individuelle Kompetenzentwicklung auch eindeutig auf die Teilnahme an einer transnationalen Mobilitätsmaßnahme zurückführen zu können, könnte hier zudem der Einsatz eines experimentellen bzw. quasi-experimentellen Verfahrens, wie in Kapitel 4.3 erörtert, in Erwägung gezogen werden. Jedoch gilt es kritisch zu betrachten, ob es in einem solchen Rahmen möglich ist, etwaige Einfluss- und Störfaktoren wie bspw. persönliche Reifungsprozesse oder unerwartete Ereignisse auszuschließen. Bei der Auswahl der Teilnehmer erfolgt oft eine Auswahl der „Besten" und Betriebe, wie in Kapitel 2.2 beschrieben, set-

---

[329] Vgl. Busse & Fahle (1998), S. 2.
[330] Vgl. WSF (2007), S. 8.
[331] Vgl. WSF (2007), S. 45ff. sowie Busse & Fahle (1998), S. 14ff.

zen die Teilnahme an transnationalen Mobilitätsmaßnahmen auch als Belohnung für herausragende Leistungen ein. Da zudem einerseits ein solches Vorgehen eine große Teilnehmerzahl voraussetzt, welche nicht immer gegeben ist, und zum anderen der Aufwand an personellen und finanziellen Ressourcen in beachtlichem Ausmaße zunehmen würde, wird stattdessen auf eine Kombination aus verschiedenen Methoden, wie in Kapitel 4.3 angesprochen, zurückgegriffen. Angemerkt bleiben soll, dass das Einrichten einer Kontrollgruppe trotz erwähnter Einschränkungen durchaus zu interessanten Erkenntnissen führen kann, auch wenn dies im vorliegenden Konzept nicht weiter verfolgt wird.

Das hier fokussierte Evaluationskonzept ist vor allem auf die interne Evaluation ausgerichtet und verfolgt das Ziel, den direkt beteiligten Akteuren, wie z.B. Koordinatoren, Schulleitern oder Betreuern im Betrieb eine Art Handwerkszeug für die Evaluation anzubieten. Zu beachten sind jedoch die in Kapitel 4.3 angeführten kritischen Anmerkungen zu einer internen Evaluation, um auftretenden Schwierigkeiten wie bspw. fehlender Methodenkompetenz der Evaluatoren bereits im Vorfeld etwa durch entsprechende Schulungen entgegenwirken zu können. Eine externe Evaluation käme gegebenenfalls für groß angelegte Wirkungsanalysen, z.B. mit EU-Mitteln finanzierte Untersuchungen für eine große Gruppe an Leonardo-da-Vinci Teilnehmern, in Betracht.

5.2 Methodisches Vorgehen

Zur Erläuterung des methodischen Vorgehens greife ich verschiedene kompetenzorientierte Erhebungsmethoden und Verfahrensvorschläge auf, die in Kapitel 4.4.1 und 4.5 dargestellt wurden, um mit einer daraus zusammengestellten Kombination eine möglichst umfassende Ermittlung der individuellen Kompetenzentwicklung zu erfassen.

Zur Kompetenzfeststellung der Teilnehmer vor Beginn der Maßnahme wird die Kombination aus Methoden zur Selbst- und Fremdeinschätzung gewählt. Die Selbsteinschätzung kann trotz der in Kapitel 4.5 angesprochenen Risiken als eine adäquate Methode angesehen werden, um Aufschluss bezüglich der individuellen Kompetenzentwicklung zu erhalten.[332] Erfasst werden können diese z.B. durch freie Formulierungen der Teilnehmer oder durch Einschätzungen auf Skalen unter Zuhilfenahme bestimmter Kompetenzraster, womit durch das Quantifizieren der Daten der anschließende Vorher-Nachher-Vergleich erleichtert wird.[333] Aus diesem Grund verfolge ich im Weiteren für das Konzept das Vorgehen anhand der Kompetenzraster. Orien-

---

[332] Vgl. Erpenbeck & von Rosenstiel (2007), S. XXVII.
[333] Vgl. exemplarisch: Dahm (2007), S. 666ff sowie unter: http://www.europe-compass.eu.

tierungsmöglichkeiten bieten hierfür z.B. die in Kapitel 3.4 angesprochenen „Kann-Beschreibungen" der Kompass-Methode oder die „EIO-Einheiten" aus dem CFEC.[334] Da das Kompetenzraster von Kompass im Unterschied zur Einteilung des CFEC den Vorteil bietet, dass die Beschreibungen offener und nicht ganz so eng am europäischen Kontext orientiert sind, wird im Folgenden auf ersteres Bezug genommen wird. Das Kompetenzraster weist dabei eine Unterteilung in Fremdsprachenkompetenz, internationale Fachkompetenz sowie interkulturelle Sozial- und Selbstkompetenz auf, wodurch fast alle Aspekte der internationalen Kompetenzen abgebildet werden. Die Netzkompetenz findet sich zudem zu Teilen unter der Fachkompetenz als Medienkompetenz wieder und kann als eigener Aspekt herausgearbeitet werden, sowie die Beschreibungen selbst entsprechend auf die jeweilige Maßnahme noch angepasst und erweitert werden können.

Um den in Kapitel 4.5 angesprochenen Schwierigkeiten bei der Selbsteinschätzung zu entgegnen, schlage ich vor, an dieser Stelle das Verfahren um eine Fremdeinschätzung zu ergänzen. Unter Berücksichtigung des festgelegten Kompetenzverständnisses und des ganzheitlichen Erfassungsansatzes ist hier eine Beobachtung der Teilnehmer in einer realen Arbeitssituation vor Beginn der Maßnahme zielführend.[335] Der Hintergrund dabei ist, durch die Kombination aus Fremd- und Selbsteinschätzung einen aussagekräftigen und verlässlichen Kompetenzstatus des Teilnehmers vor Beginn der Maßnahme zu erhalten. Da mit so einem Beobachtungsverfahren jedoch ein großer personeller und zeitlicher Aufwand verbunden ist, der eventuell die verfügbaren Ressourcen einzelner Maßnahmen übersteigt, könnten als Alternativen Vorgehen wie strukturierte Interviews und Fachvorträge, wie diese in Kapitel 4.5 erwähnt werden, angewendet werden. Jedoch sind hierbei die Konsequenzen zu beachten, da insbesondere die Fremdeinschätzung von Sozial- und Selbstkompetenz Einschränkungen erfährt und somit die Kompetenzermittlung nicht mehr den umfassenden Ansprüchen genügt. Auch könnte für einzelne Kompetenzaspekte wie z.B. der internationalen Fachkompetenz eine Anlehnung an die in Kapitel 4.4.1 erwähnten computersimulierten Situationsaufgaben erfolgen.[336] Jedoch entspräche die Reduktion des Vorgehens auf die Erhebung nur spezifischer Dimensionen nicht mehr dem hier angelegten Kompetenzverständnis.[337]

In einem nächsten Schritt werden unter Mitwirkung der Teilnehmer, der entsendenden und aufnehmenden Einrichtung und auf Basis der ermittelten Selbst- und Fremdeinschätzung die

---

[334] Vgl. Anhang 1 und Anhang 2.
[335] Das Beobachtungsverfahren könnte z.B. an das Verfahren des KKR angelehnt werden. Vgl. Kauffeld et al. (2007), S. 224ff.
[336] Vgl. exemplarisch: Seeber & Nickolaus (2010), S. 12f., Abele & Gschwendtner (2010), S. 14ff., Winther & Achtenhagen (2010), S. 18ff.
[337] Vgl. Frosch (2012), S. 9.

Lernzielvereinbarungen wiederum unter Zuhilfenahme des Kompetenzrasters vereinbart, in denen die angestrebte Entwicklung der verschiedenen Kompetenzen als Soll-Vorgabe festgehalten wird. Die Erstellung einer Zielvereinbarung dient den Teilnehmern als Orientierungshilfe bezüglich der Dokumentationen ihres Lernfortschrittes sowie für eine Hilfestellung der Reflexion des eigenen Fortschritts im Verlauf der Maßnahme. Die Erfassung der individuellen Kompetenzentwicklung kann somit noch genauer erfolgen. Daneben können anhand einer späteren Überprüfung, ob die Ziele erreicht wurden, dessen Resultate z.b. im Europass Mobilität festgehalten werden. Durch das Anerkennen der Kompetenzentwicklung kann auch die Partizipationswilligkeit der Teilnehmer erhöht werden; zudem wird verhindert, dass die Selbsteinschätzung nicht mit der nötigen Ernsthaftigkeit und unvollständig durchgeführt wird.

Prozessbegleitend kann das Führen von Portfolios, in denen die Lernfortschritte sowie die gemachten Erfahrungen kontinuierlich durch die Teilnehmer dokumentiert werden, weiter Aufschluss geben, vor allem über nicht direkt beobachtbare Kompetenzen wie z.B. die Reflexionsfähigkeit. Dieser Prozess sollte durch kontinuierliches Feedback begleitet werden.[338] Zudem bietet sich durch die Verlagerung der Portfolios sowie der Feedbackgebung ins Internet die Möglichkeit, Teile der Netzkompetenz mitzuerfassen. Die Verwendung eines E-Portfolios kann sich dabei an dem Vorgehen von Kompass orientieren.[339] Bezüglich der Möglichkeit im Internet, Feedback sowohl von der Betreuerseite sowie von Peers zu erhalten, kann z.B. die Einrichtung einer geschlossenen Gruppe in sozialen Netzwerken wie Facebook oder ähnlichen Anbietern sinnvoll sein.[340]

Am Ende der Maßnahme ist unter Anwendung der gleichen Erhebungsverfahren zur Selbst- und Fremdeinschätzung erneut die Kompetenzfeststellung vorzunehmen, um die Kompetenzentwicklung anhand des Abgleichs des Kompetenzstatus vor Antritt der Maßnahme mit jenem bei Abschluss der Maßnahme zu ermitteln. Ergänzt wird dieses um die Auswertung des Portfolios und den Facebook-Berichten, zu deren Analyse vor allem interpretative Vorgehensweisen zu beachten sind.[341]

Die retrospektive Selbsteinschätzung 12 bis 24 Monate nach Beendigung der Maßnahme soll einer Überprüfung des Outcomes dienen, um den vermuteten Effekt, dass die Selbsteinschät-

---

[338] Vgl. Frey et al. (2005) S. 4 und Calonder Gerster (2007), S. 722.
[339] Vgl. http://www.europe-compass.eu.
[340] Facebook wird z.B. in dem niederländischen Pilotprojekt „Front Office International" als Gestaltungsunterstützung des Portfolios aufgeführt. Zudem besteht die Möglichkeit online über eine Kommunikationsplattform Feedback zu geben. Vgl. Köhn et. al. (2011), S. 31. Im vorliegenden Konzept soll dies verknüpft werden, sodass das Feedback über eine geschlossene Gruppe in sozialen Netzwerken wie Facebook (http://www.facebook.de), kurz Facebook-Gruppe erfolgt.
[341] Vgl. exemplarisch: Rosenthal (2005), S. 39ff.

zung der Teilnehmer direkt nach der Teilnahme sehr euphorisch positiv ausfallen,[342] zu bereinigen. Jedoch unterliegt diese Selbsteinschätzung eben auch bereits in Kapitel 4.5 genannten Störeinflüssen.

Die Gütekriterien betreffend ist für die hier gewählten Erhebungsmethoden anzumerken, dass die diagnostischen Kriterien Objektivität, Reliabilität und Validität, wie in Kapitel 4.3 angesprochen, zumeist nicht für die eingesetzten Instrumente Gültigkeit besitzen, sondern wie dort erwähnt zum Teil andere Gütekriterien angelegt werden müssen. Reetz führt an, dass die diagnostischen Gütekriterien teilweise entgegengesetzte Ansprüche verfolgen als die konzeptionellen Gütekriterien, welche sich auf die berufliche Handlungskompetenz beziehen.[343] Die unter den konzeptionellen Kriterien aufgeführten Aspekte wie Authentizität, Individualisierung, Flexibilisierung und die Orientierung an betrieblichen Prozessen können dagegen weitestgehend als erfüllt angesehen werden.

5.3 Aspekte der Organisation

Im Folgenden gehe ich auf die zu beachtenden organisatorischen Aspekte für das Konzept ein. Der gesamte zeitliche Rahmen des Evaluationskonzepts erstreckt sich über vier Erhebungsetappen. Im Vorfeld der Maßnahme, vor der ersten Erhebung, ist Zeit für die Anpassungen, Erweiterungen und Einsatzplanung der Instrumente zu kalkulieren. Für die Kompetenzmessung vor Beginn der Maßnahme ist Zeit für das Beobachtungsverfahren einzuplanen, welches von der entsendenden Einrichtung durchzuführen ist, wie auch zum Feststellen des Kompetenzstatus des Teilnehmers unter Einbezug seiner Selbsteinschätzung, welche z.B. angelehnt an Kompass online erfolgen kann.[344] Auch für die auf diesen Kompetenzstatus aufbauenden Lernzielvereinbarungen muss Zeit eingeplant werden, die sowohl unter Mitwirkung der Teilnehmer als auch der entsendenden und aufnehmenden Einrichtung festgelegt werden. In der zweiten Etappe, während des Verlaufs der Maßnahme, beschränkt sich der zeitliche Aufwand auf das Geben von Feedback. Der Teilnehmer führt sein E-Portfolio sowie die Beiträge in der Facebook-Gruppe unter Nutzung des Internets. In der dritten Etappe bei Beendigung der Maßnahme muss erneut der zeitliche Aufwand für das Beobachtungsverfahren berücksichtigt werden, diesmal bei der aufnehmenden Einrichtung, sowie zum anderen, nach Feststellung des aktuellen Kompetenzstatus, für den Abgleich des aktuellen Status mit dem vor der Maßnahme ermittelten. Dieses kann z.B. unter Anlehnung an die Kompass-Methode

---

[342] Vgl. Busse & Fahle (1998), S. 2.
[343] Vgl. Reetz & Hewlett (2008), S. 43.
[344] Vgl. http://www.europe-compass.eu.

erfolgen und durch das Verwenden des Kompetenzrasters und der damit verbundenen Auswertungsmethode erleichtert werden.[345] Schließlich ist für die Auswertung des E-Portfolios sowie der Berichterstattung in der Facebook-Gruppe Zeit einzuplanen. Anschließend kann das Fazit aus diesen Auswertungen mit den Teilnehmern besprochen werden und die Anerkennung durch Eintragungen der individuellen Kompetenzentwicklung z.B. in den Europass Mobilität erfolgen. In der vierten und letzten Etappe wird mithilfe der Selbsteinschätzung des Teilnehmers ein Abschlussfazit gezogen.

An räumlichen Voraussetzungen werden soweit keine besonderen Anforderungen gestellt, da die Beobachtung im realen Arbeitsumfeld erfolgen sollte und die weiteren Erhebungsverfahren computer- bzw. webbasiert stattfinden können. Somit ist lediglich ein Raum für Besprechungen erforderlich. Als technische Voraussetzung gilt der Zugang zu einem PC mit Internetanschluss in der entsendenden sowie in der aufnehmenden Einrichtung. Sofern bei dem Beobachtungsverfahren mit Videoaufzeichnungen gearbeitet wird, wäre auch hierfür die entsprechende technische Ausstattung notwendig.

Der personelle Aufwand für die Evaluation bezieht sich einerseits auf die zeitliche Komponente, insofern sowohl bei der entsendenden wie auch bei der aufnehmenden Einrichtung Personen für das Beobachtungsverfahren, für die Auswertungen und die Betreuung eingeplant werden müssen, und andererseits auf kompetenzbezogene Anforderungen, die an das Personal gestellt werden. So werden methodische Kenntnisse für das Durchführen der Verfahren benötigt sowie fachliche Kompetenzen in Bezug auf die zu messenden Kompetenzen wie z.B. die Fremdsprache. Weiterhin muss das für die Auswertung benötigte Know-How vorhanden sein, wie bspw. bezüglich interpretativer Verfahrensweisen einschließlich der gründlichen und einem einheitlichen Bewertungsprozess folgenden Dokumentation.[346]

Der finanzielle Aufwand für die Evaluation betrifft in erster Linie die Personalkosten. Ein weiterer zu berücksichtigender Kostenfaktor könnte entstehen, wenn für die Evaluation auf kostenpflichtige Evaluationsinstrumente oder Auswertungs-Tools zurückgegriffen wird.

Bei der Betrachtung der organisatorischen Aspekte ist auch die Frage nach der Rechtfertigung des Aufwandes zu beantworten. Ob und in welchem Rahmen die Evaluation legitimiert werden kann, hängt dabei auch maßgeblich von den beteiligten Akteuren und Einrichtungen ab. Dabei geht es nicht um das grundlegende Interesse, eine Evaluation zur Ermittlung der individuellen Kompetenzentwicklung durchzuführen, sondern, ob und welcher Aufwand zur Um-

---

[345] Vgl. http://www.europe-compass.eu.
[346] Vgl. exemplarisch: Rosenthal (2005), S. 39ff.

setzung des Konzeptes gerechtfertigt werden kann. Diese Frage muss bei Betrachtung der jeweiligen Maßnahme individuell beantwortet werden. So können z.B. bei Betrieben, die gleichzeitig mehrere Teilnehmer in transnationalen Mobilitätsmaßnahmen fördern, für das Beobachtungsverfahren die Teilnehmer zur Realisierung einer Arbeitsaufgabe zu einer Gruppe zusammengefasst werden. Bei kleinen Betrieben mit nur einzelnen Teilnehmern und geringen finanziellen Mitteln, müsste hingegen eventuell auf die angesprochenen Alternativen ausgewichen werden. Unter dem Aspekt, ob die verantwortlichen Akteure über die benötigte methodische Kompetenz zur Auswertung der Verfahren verfügen, gilt abzuwägen, ob eine entsprechende Schulung noch im legitimierbaren Rahmen für die Durchführung der Evaluation liegt. So kann es unter Abwägung der zur Verfügung stehenden personellen und finanziellen Mittel der Fall sein, dass nicht für alle mit dem Konzept angesprochenen Akteure eine Umsetzung in der hier vorgestellten umfassenden Form möglich ist. Die Beteiligten können sich in diesem Fall dennoch an dem Konzept orientieren und einzelne Teilaspekte umsetzen.

Im folgenden Leitfaden wird das Konzept zusammengefasst:

Abbildung 5: Evaluationskonzept-Leitfaden

Zeittafel	Ansätze und Merkmale	Methode	Instrumente
Vor Beginn der Maßnahme	summativ, partizipativ, zielorientiert, quantitativ, qualitativ	Selbsteinschätzung, Fremdbewertung	Selbstbeurteilung anhand Kompetenzraster, Beobachtungsverfahren (gegebenenfalls alternativ: strukturiertes Interview, Fachvortrag, computersimulierte Situationsaufgaben)
	⇨ Ermittlung des individuellen Kompetenzstatus ⇨ Festlegung der Lernzielvereinbarungen		
Während der Maßnahme	formativ, partizipativ, wirkungsorientiert, qualitativ	Selbstbeobachtung und Dokumentation sowie Diskussion des Verlaufs	E-Portfolio, geschlossene Facebook-Gruppe
Am Ende der Maßnahme	summativ, partizipativ, zielorientiert, wirkungsorientiert, quantitativ, qualitativ	Selbsteinschätzung, Fremdbewertung	Selbstbeurteilung anhand Kompetenzraster, Beobachtungsverfahren (gegebenenfalls alternativ: strukturiertes Interview, Fachvortrag, computersimulierte Situationsaufgaben)
	⇨ Ermittlung des individuellen Kompetenzstatus ⇨ Vorher-Nachher-Abgleich des Kompetenzstatus ⇨ Soll-Ist-Abgleich des Kompetenzstatus mit den Lernzielvereinbarungen ⇨ Erweiterung der Ergebnisse der individuellen Kompetenzentwicklung durch die Auswertung des E-Portfolios sowie der Facebook-Berichte		
	⇨ Fazit und Anerkennung der individuellen Kompetenzentwicklung		
12 bis 24 Monate nach der Maßnahme	summativ, partizipativ, wirkungsorientiert, quantitativ	Selbsteinschätzung	Selbstbeurteilung anhand Kompetenzraster
	⇨ Abschlussfazit		

Quelle: Eigene Darstellung

5.4 Kritische Betrachtung und Schwierigkeiten

Das sehr komplexe und ambitionierte Vorhaben, die Herangehensweise an die Evaluation individueller Kompetenzentwicklung in einem Konzept zusammenzufassen, stößt an gewisse Grenzen. Der Versuch, sehr umfassend die Kompetenzen der Teilnehmer zu ermitteln, überschreitet möglicherweise oftmals den zur Verfügung stehenden personellen und finanziellen Rahmen für eine solche Evaluation.

Obwohl die Partizipationsbereitschaft der Teilnehmer, z.b. durch die Anerkennung der Kompetenzen gesteigert werden kann, ist gerade der Evaluationserfolg maßgeblich von dieser Bereitschaft abhängig.

Bezüglich des methodischen Vorgehens besteht eine Schwierigkeit bei der Umsetzung des Beobachtungsverfahrens darin, dass die Bewertungsvorstellungen von entsendender und aufnehmender Einrichtung einheitlich sein müssen, damit es nicht zu einer Verzerrung bei der Kompetenzmessung kommt. Es besteht zwischen diesen Einrichtungen also nicht nur ein sehr hoher Koordinationsaufwand, sondern es ist auch grundlegend von Bedeutung, dass bezüglich der Fremdbewertung das gleiche Verständnis gilt.

Die Selbsteinschätzung 12 bis 24 Monate nach Beendigung der Maßnahme, womit ein Abschlussfazit bezüglich der individuellen Kompetenzentwicklung gezogen wird, nimmt keinen Einfluss mehr auf die bereits stattgefundene Anerkennung z.B. im Europass Mobilität. Der Erkenntniszugewinn dieser letzten Selbsteinschätzung ist aber nicht nur wegen des dadurch entstehenden geringeren Einflusses auf die gesamte Wirkungsanalyse kritisch zu beurteilen, sondern auch durch die bereits angesprochenen Störeinflüsse, die ebenfalls den Erkenntniszugewinn beeinflussen. Zu einer erschwerenden Umsetzung dieser Erhebung kann es auch kommen, wenn die Teilnehmer nach dieser Zeit die Einrichtung oder den Betrieb bereits verlassen haben und für eine abschließende Selbsteinschätzung nicht mehr so einfach erreichbar sind.

Die gewählten Erhebungsverfahren ermöglichen zwar eine nach dem hier zugrunde gelegten Kompetenzverständnis annähernd ganzheitliche Kompetenzerfassung sowie eine Analyse der Wirkungen auf die individuelle Kompetenzentwicklung. Bei dem Anspruch, diese Wirkungen auch vergleichen zu können, muss jedoch eingeräumt werden, dass trotz eines möglichen Vergleichs der Kompetenzentwicklungen durch den Abgleich der Kompetenzstatus, gerade bei der Auswertung der E-Portfolios und der Facebook-Berichte starke Interpretationsspielräume seitens der Beurteilenden auftreten, die dies erschweren. Zudem wird unter zeitlichen, sozialen und auch räumlichen Randbedingungen, die Einfluss auf das Urteil haben, aus der Beobachtung und der Interpretation des Verhaltens auf die Kompetenzen geschlossen.[347]

Anzumerken ist auch, dass dem Anwender ein breites Spektrum an Vorgehensweisen vorgestellt wird, dessen Umsetzung und Ausgestaltung doch wieder ihm selbst überlassen bleibt, wodurch es zu starken individuellen Ausprägungen des Konzeptes in der Durchführung kommen kann. Die Evaluationsumsetzung erfordert einen hohen Grad an methodischer Kompetenz bezüglich der Erhebungsverfahren, von der detaillierten Ausgestaltung der Erhebungsinstrumente, der Durchführung bis hin zur Auswertung und Interpretation der Daten. Dieser notwendige Spezialisierungsgrad kann möglicherweise nicht bei allen mit dem Evaluationskonzept angesprochenen Akteuren vorausgesetzt werden. Neben der notwendigen Spezialisierung des Personals könnte durch den arbeitsintensiven Personaleinsatz auch die finanzielle Ausstattung für eine Evaluation an Grenzen stoßen.

Ein weiterer kritisch anzuführender Aspekt ist, dass durch das Außenvorlassen der Evaluation verschiedener Strukturvariablen die Untersuchung der Einflussnahme dieser Variablen auf die individuelle Kompetenzentwicklung ausgeschlossen wird. Damit kann z.B. nicht erkannt werden, ob eventuell die Ausstattung am Arbeitsplatz auch eine Auswirkung auf die internationale Fachkompetenz hat.

Zusammenfassend bleibt das Ergebnis, dass es mit einem umfangreichen Aufwand und unter Hinnahme von Einschränkung gelingen kann, mit dem Konzept eine umfassende Wirkungsanalyse bezüglich der individuellen Kompetenzentwicklung durch transnationale Mobilitätsmaßnahmen zu erzielen.

---

[347] Vgl. Erpenbeck & von Rosenstiel (2007), S. XXXII.

6 Fazit und Ausblick

Durch die Analyse der kompetenzorientierten Zielsetzungen von transnationalen Mobilitätsmaßnahmen, für die vorerst sowohl die transnationalen Mobilitätsmaßnahmen wie die Kompetenzen und ihr zugrunde liegendes Verständnis detaillierte Betrachtung fanden, konnte unter Anwendung der diskutierten Evaluationsansätze, -methoden und -instrumente ein Evaluationskonzept zur Ermittlung der Wirkungen von transnationalen Mobilitätsmaßnahmen auf die individuelle Kompetenzentwicklung vorgestellt werden. Dieses sich auf eine theoretische Untersuchung stützende Konzept soll eine Unterstützung für diejenigen Akteure bieten, die an der Feststellung dieser Wirkungen interessiert sind. Somit wird durch das Konzept eine Hilfestellung zur Herangehensweise konkreter Evaluationsprojekte angeboten. In der Studie wurde Wert darauf gelegt, den Anwendungsbereich möglichst wenig einzuschränken, um das Konzept auf einer breiten Basis einsetzen zu können. So ist z.B. auch eine Adaption dieses Konzeptes über den deutschen Kontext hinausgehend denkbar. Eine Unterstützung für das transferieren der Kompetenzen in andere Sprachen bietet hierfür bspw. das „European Dictionary of Skills and Competences" (DISCO), welches speziell auf Fertigkeiten und Kompetenzen zugeschnitten ist und zurzeit zehn verschiedene Sprachen umfasst.[348] Aufgrund der zu treffenden Abwägungen, wie breit aufgestellt bzw. wie konkret ausgestaltet das Konzept sein soll, resultiert, dass das vorliegende Konzept mehr als ein Richtungsweiser anstatt einer konkreten Umsetzungsanleitung dienen kann.

Essentiell für weitere Anknüpfungspunkte an diese Studie ist, ob das vorliegende Konzept grundsätzlich in seiner Idee Akzeptanz bei den entsprechenden Akteuren findet. Im Rahmen weiterer Studien wären vor allem konkrete Evaluationsprojekte zu betrachten, die unter Anwendung dieses Konzeptes die entsprechenden Evaluationsinstrumente konkret ausgestalten, eine Evaluation durchführen und auswerten. Daraus könnten wiederum wertvolle Rückschlüsse bezüglich sinnvoller Anpassungen und Weiterentwicklungen des Konzeptes gezogen werden. Interessant wäre auch die Betrachtung der möglichen Verbindungen mit ebenfalls in dieser Studie angesprochenen Mobilitätsförderungsinstrumenten und inwieweit die im Konzept erwähnte Verknüpfung z.B. mit dem Europass Mobilität oder der Anerkennung von ECVET für die ermittelte Kompetenzentwicklung praktisch umsetzbar ist.

Diese Studie bietet mit der Verknüpfung von aktuell stark diskutierten und sich in permanenten Entwicklungsprozessen befindenden Bildungsforschungsfeldern, der transnationalen Mo-

---

[348] Vgl. http://disco-tools.eu/disco2_portal.

bilität und der Kompetenzmessung, eine Breite an Anknüpfungspunkten, z.B. auch an Maßnahmen, die sich derzeit noch in der Entwicklungsphase befinden. So ist zur „Unterstützung bei der Erstellung persönlicher Skills Profiles, die erworbene Lernergebnisse, berufliche Kompetenzen und Schlüsselqualifikationen umfassen sollen"[349], ein „European Skills Passport" in Planung, welcher den Nachweis beruflicher Kompetenz noch deutlicher als der Europass bisher berücksichtigen soll.[350] Interessante Aufschlüsse zur Standardisierung der Kompetenzbeschreibungen können durch die Ergebnisse der derzeit laufenden EU-Initiative ESCO erwartet werden, für welche bereits noch im laufenden Jahr erste Ergebnisse vorliegen sollen.[351] Des Weiteren lässt sich ein vielversprechender Ansatz für die outcome-orientierte Kompetenzmessung in der Berufsbildung durch die Präsentation der Ergebnisse der BMBF-Forschungsinitiative ASCOT im Jahre 2014 erwarten.[352]

---

[349] BMBF (2012), S. 101.
[350] Vgl. BMBF (2012), S. 101.
[351] Vgl. BMBF (2012), S. 101.
[352] Vgl. BMBF (2012), S. 96.

7 Literaturverzeichnis

Abele, Stephan; Gschwendtner, Tobias (2010): Die computerbasierte Erfassung beruflicher Handlungskompetenz. Konzepte, Möglichkeiten, Perspektiven am Beispiel der KfZ-Mechatronik. In: BWP – Berufsbildung in Wissenschaft und Praxis, Jg. 39, Nr. 1, S. 14 – 17.

Achtenhagen, Frank; Baethge, Martin (2008): Kompetenzdiagnostik als Large-Scale-Assessment im Bereich der beruflichen Aus- und Weiterbildung. In: Prenzel, Manfred; Gogolin, Ingrid; Krüger, Heinz-Hermann (Hrsg.): Kompetenzdiagnostik. Zeitschrift für Erziehungswissenschaft, Sonderheft 8, Wiesbaden: VS Verlag für Sozialwissenschaften, S. 51 – 70.

Amme, Kathrin; Dennler, Annemarie; Diettrich, Andreas (2010): Interkulturelle Kompetenz als Voraussetzung für Durchlässigkeit und Mobilität – Zur Funktion von (Weiter-)Bildungsanbietern zwischen Polarisierung und Kompensation. In: Berufs- und Wirtschaftspädagogik – online (bwp@), Nr. 19, Dezember, S. 1 – 21, online, Zugriff unter: http://www.bwpat.de/ausgabe19/amme_etal_bwpat19.pdf [23.08.2012].

Barthold, Benjamin (2010): Betriebliche Mobilitätsmaßnahmen – Nutzen und inhaltliche Ausgestaltung. In: Wordelmann, Peter (Hrsg.): Internationale Kompetenzen in der Berufsbildung – Stand der Wissenschaft und praktische Anforderungen, Bonn: BIBB, S. 123 – 136.

Beyer, Horst-Thilo (1990): Personallexikon. München: R. Oldenbourg Verlag.

BMBF – Bundesministerium für Bildung und Forschung (2007): Berufsbildungsgesetz (BBiG) vom 23. März 2005 zuletzt geändert durch Art. 9b des Gesetzes vom 07.09.2007, online, Zugriff unter: http://www.bmbf.de/pubRD/ bbig.pdf [17.08.2012].

BMBF – Bundesministerium für Bildung und Forschung (2012): Berufsbildungsbericht 2012, online, Zugriff unter: http://www.bmbf.de/pub/bbb_2012.pdf [25.06.2012].

BMWi – Bundesministerium für Wirtschaft und Technologie (2009): Verordnung über die Berufsausbildung zum Chemikanten/zur Chemikantin, online, Zugriff unter: http://www.gesetze-im-internet.de/bundesrecht/chemikausbv_2009/gesamt.pdf [26.06.2012].

Bolten, Jürgen (2010): Interkulturelle Kompetenzvermittlung via Internet. In: Wordelmann, Peter (Hrsg.): Internationale Kompetenzen in der Berufsbildung – Stand der Wissenschaft und praktische Anforderungen. Bielefeld: W. Bertelsmann Verlag, S. 101 – 114.

Borch, Hans; Diettrich, Andreas; Frommberger, Dietmar; Reinisch, Holger; Wordelmann, Peter (2003): Internationalisierung der Berufsbildung. Strategien – Konzepte – Erfahrungen – Handlungsvorschläge. Berichte zur beruflichen Bildung 257, Bonn: BIBB.

Borch, Hans; Wordelmann, Peter (2001): Internationalisierung des dualen Systems – Strategien und Forderungen. In: Berufsbildung in Wissenschaft und Praxis 30, Nr. 4, S. 5 – 10.

Bortz, Jürgen; Döring, Nicola (2002): Forschungsmethoden und Evaluation für Human- und Sozialwissenschaftler. 3., überarbeitete Auflage. Berlin et al.: Springer.

Busse, Gerd; Fahle, Klaus (1998): Lernen durch Mobilität: Untersuchung zu längerfristigen Auslandsaufenthalten von Auszubildenden und jungen Berufstätigen im Auftrag des Europäischen Zentrums für die Förderung der Berufsbildung (CEDEFOP). Köln: Carl Duisburg Gesellschaft e.V.

Busse, Gerd; Paul-Kohlhoff, Angela; Wordelmann, Peter (1997): Fremdsprachen und mehr. Internationale Qualifikationen aus der Sicht von Betrieben und Beschäftigten. Eine empirische Studie über Zukunftsqualifikationen. In: Bundesinstitut für Berufsbildung, Der Generalsekretär (Hrsg.). Bielefeld: Bertelsmann Verlag.

Calonder Gerster, Anita (2007): Das CH-Q Kompetenz-Management-Modell. Ein integriertes Gesamtangebot zur Kompetenzentwicklung und zur Schaffung einer Kompetenzkultur in Bildung und Arbeitswelt. In: Erpenbeck, John; von Rosenstiel, Lutz (Hrsg.): Handbuch Kompetenzmessung. Erkennen, verstehen und bewerten von Kompetenzen in der betrieblichen, pädagogischen und psychologischen Praxis. 2., überarbeitete und erweiterte Auflage, Stuttgart: Schäffer-Poeschel Verlag, S. 719 – 736.

Chelimsky, Eleanor (1995): New dimensions in evaluation. In: Picciotto, Robert; Rist, Ray (Hrsg.): Evaluation and Development: proceedings of the 1994 World Bank Conference. Washington D.C.: The World Bank, S. 3 – 11.

Dahm, Johanna (2007): Handlungsorientiertes Kompetenz-Profiling. In: Erpenbeck, John; von Rosenstiel, Lutz (Hrsg.): Handbuch Kompetenzmessung. Erkennen, verstehen und bewerten von Kompetenzen in der betrieblichen, pädagogischen und psychologischen Praxis. 2., überarbeitete und erweiterte Auflage, Stuttgart: Schäffer-Poeschel Verlag, S. 666 – 684.

Deutscher Bildungsrat (1974): Empfehlungen der Bildungskommission zur Neuordnung der Sekundarstufe II. Stuttgart: Klett Verlag.

Deutscher Handwerker- und Gewerbe-Kongress (1848): Entwurf einer allgemeinen Handwerker- und Gewerbeordnung, online, Zugriff unter: http://epub.ub.uni-muenchen.de/10798/1/W_4_Hist._4128_19.pdf [02.10.2012].

Diettrich, Andreas; Frommberger, Dietmar (2001): Erwerb internationaler Qualifikationen in der Berufsausbildung durch Auslandspraktika. In: Berufsbildung, Jg. 55, Nr. 71, S. 43 – 45.

Diettrich, Andreas; Reinisch, Holger (2010): Internationale und interkulturelle berufliche Handlungskompetenz als Zielkomponente beruflicher Bildung. In: Wordelmann, Peter (Hrsg.): Internationale Kompetenzen in der Berufsbildung – Stand der Wissenschaft und praktische Anforderungen. Bielefeld: Bertelsmann Verlag, S. 33 – 43.

Dietzen, Agnes (2010): Vorwort. In: Wordelmann, Peter (Hrsg.): Internationale Kompetenzen in der Berufsbildung – Stand der Wissenschaft und praktische Anforderungen. Bielefeld: Bertelsmann Verlag, S. 5 – 6.

ECORYS (2008): Final Evaluation of the Leonardo da Vinci II Programme. Final Report. Rotterdam, online, Zugriff unter: http://ec.europa.eu/dgs/education_culture/evalreports/training/2007/joint/leonardo_en.pdf [29.05.2012].

Erpenbeck, John; von Rosenstiel, Lutz (Hrsg.) (2007): Handbuch Kompetenzmessung. Erkennen, verstehen und bewerten von Kompetenzen in der betrieblichen, pädagogischen und psychologischen Praxis. 2., überarbeitete und erweiterte Auflage, Stuttgart: Schäffer-Poeschel Verlag.

Europäische Kommission (2009): Grünbuch – Die Mobilität junger Menschen zu Lernzwecken fördern, online, Zugriff unter: http://eur-lex.europa.eu/LexUriServ/LexUriServ.do?uri=COM:2009:0329:FIN:DE:PDF [30.05.2012].

Europäischer Rat (2010): Europa 2020, Schlussfolgerung des Europäischen Rates vom 17.Juni 2010, online, Zugriff unter: http://www.consilium.europa.eu/uedocs/cms_data/docs/pressdata/de/ec/115364.pdf [30.05.2012].

Europäisches Parlament und Rat (2004): Entscheidung Nr. 2241/2004/EG des Europäischen Parlaments und des Rates vom 15. Dezember 2004 über ein einheitliches gemeinschaftliches Rahmenkonzept zur Förderung der Transparenz bei Qualifikationen und Kompetenzen (Europass). Straßburg, online, Zugriff unter: http://eur-lex.europa.eu/LexUriServ/LexUriServ.do?uri=OJ:L:2004:390:0006:0020:DE:PDF [04.10.2012].

Europäisches Parlament und Rat (2006): Beschluss Nr. 1720/2006/EG des Europäischen Parlaments und des Rates vom 15. November 2006 über ein Aktionsprogramm im Bereich des lebenslangen Lernens. Straßburg, online, Zugriff unter: http://eur-lex.europa.eu/LexUriServ/LexUriServ.do?uri=OJ:L:2006:327:0045:0068:DE:PDF [29.06.2012].

Europäisches Parlament und Rat (2008): Empfehlung zur Einrichtung eines Europäischen Qualifikationsrahmen für lebenslanges Lernen. Brüssel, online, Zugriff unter: http://eur-lex.europa.eu/LexUriServ/LexUriServ.do?uri=OJ:C:2008:111:0001:0007:DE:PDF [05.06.2012].

Europäisches Parlament und Rat (2009): Empfehlung zur Einrichtung eines Europäischen Leistungspunktesystems für die Berufsbildung (ECVET). Brüssel, online, Zugriff unter: http://eur-lex.europa.eu/LexUriServ/LexUriServ.do?uri=OJ:C:2009:155:0011:0018:DE:PDF [05.06.2012].

European Elos Network (2010): Common Framework for Europe Competence (CFEC), online, Zugriff unter: http://ftp.infoeuropa.eurocid.pt/database/000046001-000047000/000046835.pdf [23.07.2012].

Fahle, Klaus; Thiele, Peter (2003): Der Brügge-Kopenhagen-Prozess – Beginn der Umsetzung der Ziele von Lissabon in der beruflichen Bildung. In: BWP – Berufsbildung in Wissenschaft und Praxis, Jg. 32, Nr. 4, S. 9 – 12.

Feninger, Gerd (2009): Kompetenzorientierte Qualifizierung und Personalentwicklung für den weltweiten Wettbewerb – Ansätze und Erfahrungen eines globalen Unternehmens. In: Bahl, Anke (Hrsg.): Kompetenzen für die globale Wirtschaft. Begriffe – Erwartungen – Entwicklungsansätze. Bielefeld: Bertelsmann Verlag, S. 207 – 217.

Fitzpatrick, Jody L.; Sanders, James R.; Worthen, Blaine R. (2004): Program evaluation: Alternative approaches and practical guidelines. 3. Auflage, Boston et al.: Pearson Education.

Frey, Andreas; Jäger, Reinhold S.; Renold, Ursula (Hrsg.) (2005): Kompetenzdiagnostik – Theorien und Methoden zur Erfassung und Bewertung von beruflichen Kompetenzen. Berufspädagogik, Band 5. Landau: Verlag Empirische Pädagogik.

Friedrich, Werner; Körbel, Markus (2011): Verdeckte Mobilität in der beruflichen Bildung – Ermittlung von Auslandsaufenthalten in der Erstausbildung außerhalb des EU-Programms für lebenslanges Lernen und der bilateralen Austauschprogramme des Bundesministeriums für Bildung und Forschung. In: Nationale Agentur Bildung für Europa beim BIBB (Hrsg.): Impuls, Band 43, online, Zugriff unter: http://www.na-bibb.de/uploads/tx_ttproducts/datasheet/impuls_43_verdeckte_mobilitaet-web.pdf [30.05.2012].

Frommberger, Dietmar (2009): Transitions and research on transitions in VET. In: Hippach-Schneider, Ute; Toth, Bernadette; Berger, Susanne (Hrsg.): VET research report 2009. Bonn: BIBB, S. 117 – 153.

Frosch, Ulrike (2012): Pädagogische Diagnostik im Spiegel klassischer Lerntheorien. Aktuelle Herausforderungen im Kompetenzdiskurs angesichts einer „Theorie-Methoden-Passung". In: Berufs- und Wirtschaftspädagogik – online (bwp@), Nr. 22, Juni, S. 1 – 12, online, Zugriff unter: http://www.bwpat.de/ausgabe22/frosch_bwpat22.pdf [28.09.2012].

Gardner, George H. (1962): Cross-cultural communication. In: Journal of Social Psychology, Nr. 58 (2), Dezember, S. 241-256.

Gutknecht-Gmeiner, Maria (2008): Externe Evaluierung durch Peer Review. Qualitätssicherung und –entwicklung in der beruflichen Erstausbildung. 1. Auflage, Wiesbaden: VS Verlag für Sozialwissenschaften.

Häcker, Hartmut; Stapf, Kurt (2009): Dorsch Psychologisches Wörterbuch. 15., überarbeitete und erweiterte Auflage. Bern: Verlag Hans Huber.

Häder, Michael (2002): Delphi-Befragungen. Ein Arbeitsbuch. 1. Auflage, Wiesbaden: Westdeutscher Verlag.

Hartig, Johannes; Jude, Nina (2007): Empirische Erfassung von Kompetenzen und psychometrische Kompetenzmodelle. In: Hartig, Johannes; Klieme, Eckhard (Hrsg.): Bildungsforschung Band 20. Möglichkeiten und Voraussetzungen technologiebasierter Kompetenzdiagnostik. Bonn, Berlin: BMBF, S. 17 – 36, online, Zugriff unter: http://www.bmbf.de/pub/band_zwanzig_bildungsforschung.pdf [29.09.2012].

Heimann, Korinna (2010): Entwicklung interkultureller Kompetenz durch Auslandspraktika. Grundlinien eines didaktischen Handlungskonzepts für die Berufsausbildung. Berlin: LIT-Verlag.

Heyse, Volker; Erpenbeck, John (2009): Kompetenztraining. 64 Modulare Informations- und Trainingsprogramme für die betriebliche, pädagogische und psychologische Praxis. 2., überarbeitete und erweiterte Auflage. Stuttgart: Schäffer-Poeschel Verlag.

Horn, Steffen (2011): Wirkungsorientierte Evaluation nichtstaatlicher deutscher bilateraler Berufsbildungszusammenarbeit in Ghana. Entwicklung eines systemischen Evaluationsverfahrens im Rahmen einer Fallstudie des vom Evangelischen Entwicklungsdienst e.V. unterstützten Programms Vocational Training for Femals. Dissertation zur Erlangung des Grades eines Doktors der Philosophie an der Fakultät Erziehungswissenschaften der Technischen Universität Dresden, online, Zugriff unter: http://www.qucosa.de/fileadmin/data/qucosa/documents/7757/Dissertation_Steffen_Horn.pdf [13.10.2012].

Kauffeld, Simone; Grote, Sven; Frieling, Ekkehart (2007): Das Kasseler-Kompetenz-Raster (KKR). In: Erpenbeck, John; von Rosenstiel, Lutz (Hrsg.): Handbuch Kompetenzmessung. Erkennen, verstehen und bewerten von Kompetenzen in der betrieblichen, pädagogischen und psychologischen Praxis. 2., überarbeitete und erweiterte Auflage, Stuttgart: Schäffer-Poeschel Verlag, S. 224 – 243.

Klieme, Eckhard; Avenarius, Hermann; Blum, Werner; et al. (2003): Berufsbildungsforschung Band 1. Zur Entwicklung nationaler Bildungsstandards. Eine Expertise. Bonn, Berlin: BMBF, online, Zugriff unter: http://www.bmbf.de/pub/zur_entwicklung_nationaler_bildungsstandards.pdf [30.09.2012].

Klieme, Eckhard; Maag-Merki, Katharina; Hartig, Johannes (2007): Kompetenzbegriff und Bedeutung von Kompetenzen im Bildungswesen. In: Hartig, Johannes; Klieme, Eckhard (Hrsg.): Bildungsforschung Band 20. Möglichkeiten und Voraussetzungen technologiebasierter Kompetenzdiagnostik. Bonn, Berlin: BMBF, S. 5 – 16, online, Zugriff unter: http://www.bmbf.de/pub/band_zwanzig_bildungsforschung.pdf [29.09.2012].

Kluge, Friedrich (1975): Etymologisches Wörterbuch der deutschen Sprache. 21., unveränderte Auflage, Berlin et al.: Walter de Gruyter.

KMK – Kultusministerkonferenz (1999): Bund-Länder-Vereinbarung. Teilnahme von Berufsschülern/Berfusschülerinnen an Austauschmaßnahmen mit dem Ausland, online, Zugriff unter: http://www.kmk.org/fileadmin/veroeffentlichungen_beschluesse/1999/1999_06_08-BLV-Teiln-Berufsschueler-Austausch-Ausland.pdf [17.07.2012].

KMK – Kultusministerkonferenz (2011): Handreichung für die Erarbeitung von Rahmenlehrplänen der Kultusministerkonferenz für den berufsbezogenen Unterricht in der Berufsschule und ihre Abstimmung mit Ausbildungsordnungen des Bundes für anerkannte Ausbildungsberufe, online, Zugriff unter: http://www.kmk.org/fileadmin/veroeffentlichungen_beschluesse/2011/2011_09_23-GEP-Handreichung.pdf [17.07.2012].

Köhn, Anke; Lilienthal, Ines; Rehbold, Rolf (2011): Anerkannte Zusatzqualifikation mit Grenzüberschreitender Verbundausbildung (GVA) im Handwerk. Endbericht zur Evaluation, online, Zugriff unter: http://www.fbh.uni-koeln.de/fbhsite/fileadmin/Publikationen/GVA_Endbericht_Evaluation_FBH.pdf [01.06.2012].

Krichewsky, Léna (2011): Mobilität. In: Berufsbildung, Jg. 65, Nr. 128, S. 30.

Kristensen, Søren (1998): Transnational mobility in the context of vocational education and training in Europe. In: CEDEFOP (Hrsg.): Vocational education and training – the European research field. Background report – Volume II. Luxembourg: Office for Official Publications of the European Communities, S. 273 – 295, online, Zugriff unter: http://www.cedefop.europa.eu/EN/Files/RR1_Kristensen.pdf [22.08.2012].

Kristensen, Søren (2001): Learning by Leaving – Towards a Pedagogy for Transnational Mobility in the Context of Vocational Education and Training (VET). In: European Journal of Education, Jg. 36, Nr. 4, S. 421 – 430, online, Zugriff unter: http://onlinelibrary.wiley.com/doi/10.1111/1467-3435.00079/pdf [29.05.2012].

Kristensen, Søren (2004): Learning by Leaving – placements abroad as a didactic tool in the context of VET in Europe . Reference publication. Hrsg. vom Cedefop, Thessaloniki, online, Zugriff unter: http://www.cedefop.europa.eu/EN/Files/3038_en.pdf [29.05.2012].

Kristensen, Søren; Wordelmann, Peter (2008): Auslandsaufenthalte in der Berufsausbildung – Kompetenzerwerb an einem internationalen Lernort. In: Bildung für Europa, November, S. 20 – 21, online, Zugriff unter: http://www.na-bibb.de/uploads/tx_ttproducts/datasheet/journal_2008_10.pdf [16.08.2012].

Küßner, Karin; Drews, Sibilla (2011): Lernergebnisse von Auslandsaufenthalten sichtbar machen und anerkennen. In: BWP – Berufsbildung in Wissenschaft und Praxis, Jg. 40, Nr. 4, S. 29 – 32.

Lee, Barbara (2004): Theories of Evaluation. In: Stockmann, Reinhard (Hrsg.): Evaluationsforschung: Grundlagen und ausgewählte Forschungsfelder. 2., überarbeitete und aktualisierte Auflage, Opladen: Leske + Budrich, S. 135 – 173.

Lienert, Gustav; Raatz, Ulrich (1994): Testaufbau und Testanalyse. 5., völlig neubearbeitete und erweiterte Auflage. Weinheim: Psychologie Verlags Union.

Loiselle, Janka (1999): Interkulturelle Handlungskompetenz. In: Huisinga, Richard; Lisop, Ingrid; Speier, Hans-Dieter (Hrsg.): Lernfeldorientierung – Konstruktion und Unterrichtspraxis. Frankfurt a/M: Verlag der Gesellschaft zur Förderung arbeitsorientierter Forschung und Bildung, S. 409 – 445.

McClelland, David (1973): Testing for competence rather than for ‚intelligence'. In: American Psychologist, Vol. 28, Nr. 1, S. 1 – 14.

Mertens, Dieter (1974): Schlüsselqualifikationen. Thesen zur Schulung für eine moderne Gesellschaft. In: Institut für Arbeitsmarkt- und Berufsforschung (Hrsg.): Mitteilungen aus der Arbeitsmarkt- und Berufsforschung. Jg. 7, Nr. 1, S. 36 – 43, online, Zugriff unter: http://doku.iab.de/mittab/1974/1974_1_MittAB_Mertens.pdf [07.10.2012].

Meyer, Wolfgang (2007 A): Evaluationsdesigns. In: Stockmann, Reinhard (Hrsg.): Handbuch zur Evaluation. Sozialwissenschaftliche Evaluationsforschung, Band 6, Münster: Waxmann Verlag, S. 143 – 163.

Meyer, Wolfgang (2007 B): Datenerhebung: Befragungen – Beobachtungen – Nicht-Reaktive Verfahren. In: Stockmann, Reinhard (Hrsg.): Handbuch zur Evaluation. Sozialwissenschaftliche Evaluationsforschung, Band 6, Münster: Waxmann Verlag, S. 223 – 277.

MoVE-iT (2007): Overcoming Obstacles to Mobility for Apprentices and Other Young People in Vocational Education and Training. Final Report, online, Zugriff unter: http://ec.europa.eu/education/more-information/doc/moveit_en.pdf [30.05.2012].

Neugebauer, Uwe (2005): Evaluation der bilateralen Austauschprogramme in der beruflichen Bildung zwischen Deutschland und Frankreich, den Niederlanden und Großbritannien. Kurzfassung der Studie im Auftrag des Bundesministeriums für Bildung und Forschung. Köln: Univation, online, Zugriff unter: http://www.univation.org/download/Abschlussbericht_BILAT.pdf [30.05.2012].

OECD (2005): Definition und Auswahl von Schlüsselkompetenzen. Zusammenfassung. S. 3 – 22, online, Zugriff unter: http://www.oecd.org/pisa/35693281.pdf [08.10.2012].

Otto, Kathleen (2004): Geografische und berufliche Mobilitätsbereitschaft im Berufsverlauf: Der Einfluss von Persönlichkeit, sozialem Umfeld und Arbeitssituation. Dissertation an der Philosophischen Fakultät der Martin-Luther-Universität Halle-Wittenberg, online, Zugriff unter: http://sundoc.bibliothek.uni-halle.de/diss-online/04/04H214/prom.pdf [29.05.2012].

Rathje, Stefanie (2006): Interkulturelle Kompetenz – Zustand und Zukunft eines umstrittenen Konzepts. In: Zeitschrift für interkulturellen Fremdsprachenunterricht 11, Ausgabe 3, S. 1 – 21, online, Zugriff unter: http://zif.spz.tu-darmstadt.de/jg-11-3/docs/Rathje.pdf [23.08.2012].

Reetz, Lothar (1990): Zur Bedeutung der Schlüsselqualifikationen in der Berufsausbildung. In: Reetz, Lother; Reitmann, Thomas (Hrsg.): Schlüsselqualifikationen. Dokumentation des Symposions in Hamburg. „Schlüsselqualifikationen – Fachwissen in der Krise?". Hamburg: Feldhaus, S. 16 – 35.

Reetz, Lothar (1999): Zum Zusammenhang von Schlüsselqualifikationen – Kompetenzen – Bildung. In: Tramm, Tade; Sembill, Detlef; Klauser, Fritz; John, Ernst (Hrsg.): Professionalisierung kaufmännischer Berufsbildung. Beiträge zur Öffnung der Wirtschaftspädagogik für die Anforderungen des 21. Jahrhunderts. Festschrift zum 60. Geburtstag von Frank Achtenhagen. Frankfurt a/M et al.: Peter Lang, S. 32 – 51.

Reetz, Lothar; Hewlett, Clive (2008): Das Prüferhandbuch. Eine Handreichung zur Prüfungspraxis in der beruflichen Bildung. Berlin: Ver.di.

Reich, Kersten (2006): Portfolio. In: Erziehungswissenschaft und Beruf, Jg. 54, Nr. 1, S. 17 – 41.

Rosenthal, Gabriele (2005): Interpretative Sozialforschung. Eine Einführung. Weinheim, München: Juventa Verlag.

Rost, Jürgen (1996): Lehrbuch Testtheorie, Testkonstruktion. 1. Auflage. Bern et al.: Verlag Hans Huber.

Roth, Heinrich (1971): Pädagogische Anthropologie, Band II: Entwicklung und Erziehung. Hannover et al.: Hermann Schroeder Verlag.

Sarges, Werner (2006): Competencies statt Anforderungen – nur alter Wein in neuen Schläuchen? In: Riekhof, Hans-Christian (Hrsg.): Strategien der Personalentwicklung. 6. Auflage. Wiesbaden: Gabler, S. 133 – 148.

Sarges, Werner; Wottawa, Heinrich (Hrsg.) (2004): Handbuch wirtschaftspsychologischer Testverfahren. Band I: Personalpsychologische Instrumente. 2., überarbeitete und erweiterte Auflage. Lengerich et al.: Papst Science Publishers.

Seeber, Susan; Nickolaus, Rheinhold (2010): Kompetenzmessung in der beruflichen Bildung. In: BWP – Berufsbildung in Wissenschaft und Praxis, Jg. 39, Nr. 1, S. 10 – 13.

Settelmeyer, Anke; Hörsch, Karola (2009): Einsatz interkultureller Kompetenz am Arbeitsplatz – Beobachtungen aus der beruflichen Praxis von Fachkräften mit Migrationshintergrund. In: Bahl, Anke (Hrsg.): Kompetenzen für die globale Wirtschaft. Begriffe – Erwartungen – Entwicklungsansätze. Bielefeld: Bertelsmann Verlag, S. 89 – 105.

Silvestrini, Stefan; Reade, Nicolà (2008): CEval-Ansatz zur Wirkungsevaluation / Stockmann'scher Ansatz. CEval Arbeitspapier 11, S. 1 – 11, online, Zugriff unter: http://www.ceval.de/typo3/fileadmin/user_upload/PDFs/workpaper11.pdf [20.09.2012].

Sloane, Peter F. E.; Dilger, Bernadette (2005): Prüfungen und Standards in der beruflichen Bildung. The Competence Clash – Dilemmata bei der Übertragung des ‚Konzepts der nationalen Bildungsstandards' auf die berufliche Bildung. In: Berufs- und Wirtschaftspädagogik – online (bwp@), Nr. 8, Juli, S. 1 – 32, online, Zugriff unter: http://www.bwpat.de/ausgabe8/sloane_dilger_bwpat8.pdf [22.09.2012].

Sloane, Peter F. E.; Twardy, Martin; Buschfeld, Detlef (2004): Einführung in die Wirtschaftspädagogik. 2., überarbeitete und erweiterte Auflage. Paderborn: Eusl-Verlagsgesellschaft.

Stockmann, Reinhard (2007 A): Einführung in die Evaluation. In: Stockmann, Reinhard (Hrsg.): Handbuch zur Evaluation. Sozialwissenschaftliche Evaluationsforschung, Band 6, Münster: Waxmann Verlag, S. 24 – 70.

Stockmann, Reinhard (Hrsg.) (2007 B): Handbuch zur Evaluation. Sozialwissenschaftliche Evaluationsforschung, Band 6, Münster: Waxmann Verlag.

Straka, Gerald A. (2008): Hat Deutschland sein Kompetenzkonzept auf dem Altar der EU geopfert? In: Europäische Zeitschrift für Berufsbildung, Nr. 44, S. 4 – 8.

Straub, Jürgen (2007): Kompetenz. In: Straub, Jürgen; Weidemann, Arne; Weidemann, Doris (Hrsg): Handbuch interkulturelle Kommunikation und Kompetenz. Grundbegriffe – Theorien – Anwendungsfelder. Stuttgart, Weimar: Verlag J.B. Metzler, S. 35 – 46.

Straub, Jürgen; Fischer, Cornelia; Gabriel, Kokebe Haile; et al. (2007): Interkulturelle Kompetenz – Schlüsselkompetenz des 21. Jahrhunderts? Kommentar zum Thesenpapier der Bertelsmann-Stiftung auf Basis der Interkulturellen-Kompetenz-Novelle von Dr. Darla K. Deardorff, online, Zugriff unter: http://www.tu-chemnitz.de/phil/ifgk/ikk/gk/files/File/Bertelsmann-Papier-Kommentar.pdf [17.07.2012].

Straub, Jürgen; Weidemann, Doris (2000): Kulturpsychologie und interkulturelles Handeln. In: Straub, Jürgen; Kochinka, Alexander; Werbik, Hans (Hrsg.): Psychologie in der Praxis: Anwendungs- und Berufsfelder einer modernen Wissenschaft, München: Dtv, S. 830 – 855.

Teichler, Ulrich; Maiworm, Friedhelm; Schotte-Kmoch, Martina (1999): Das ERASMUS-Programm. Ergebnisse der Begleitforschung. Bonn: BMBF.

Thomas, Alexander (1994): Können interkulturelle Begegnungen Vorurteile verstärken? In: Thomas, Alexander (Hrsg.): Psychologie und multikulturelle Gesellschaft, Göttingen: Verlag für Angewandte Psychologie, S. 227 – 237.

Thomas, Alexander (2003): Interkulturelle Kompetenz – Grundlagen, Probleme und Konzepte. In: Erwägen, Wissen, Ethik 14, Nr. 1, S. 137 – 150.

Treaty establishing "The European Economic Community" (1957): Treaty establishing "The European Economic Community", online, Zugriff unter: http://www.lexnet.dk/law/download/treaties/Ect-1957.pdf [04.10.2012].

Weinert, Franz (2001 A): Concept of Competence: A Conceptual Clarification. In: Rychen, Dominique; Salganik, Laura (Hrsg.): Defining and Selecting Key Competencies. Seatlle et al.: Hogrefe & Huber, S. 45 – 65.

Weinert, Franz (2001 B): Vergleichende Leistungsmessung in Schulen – eine umstrittene Selbstverständlichkeit. In: Weinert, Franz (Hrsg.): Leistungsmessungen in Schulen. Weinheim: Beltz Verlag, S. 17 – 31.

Wermke, Matthias; Kunkel-Razum, Kathrin; Scholze-Stubenrecht, Werner (Hrsg.) (2007): Duden. Das Herkunftswörterbuch: Etymologie der deutschen Sprache. 4., neu bearbeitete Auflage, Mannheim et al.: Dudenverlag.

White, Robert (1957): Motivation Reconsidered: The Concept of Competence. In: Psychological Review, Jg. 66, Nr. 5, S. 297 – 333.

Winther, Esther; Achtenhagen, Frank (2010): Berufsfachliche Kompetenz: Messinstrumente und empirische Befunde zur Mehrdimensionalität beruflicher Handlungskompetenz. In: BWP – Berufsbildung in Wissenschaft und Praxis, Jg. 39, Nr. 1, S. 18 – 21.

Wordelmann, Peter (2000): Internetionalisierung und Netzkompetenz. Neue qualifikatorische Herausforderungen durch Globalisierung und Internet. In: Berufsbildung in Wissenschaft und Praxis 29, Nr. 6, S. 31 – 35.

Wordelmann, Peter (2009): Berufliches Lernen im Ausland – Stand der Forschung und Desiderata an die Berufs- und Wirtschaftspädagogik. In: Berufs- und Wirtschaftspädagogik – online (bwp@), Profil 2, S. 1 – 29, online, Zugriff unter: http://www.bwpat.de/profil2/wordelmann_profil2.pdf [15.08.2012].

Wordelmann, Peter (2010): Internationale Kompetenzen in der Berufsbildung – Stand der Wissenschaft und praktische Anforderungen. In: Wordelmann, Peter (Hrsg.): Internationale Kompetenzen in der Berufsbildung – Stand der Wissenschaft und praktische Anforderungen. Bielefeld: Bertelsmann Verlag, S. 7 – 31.

Wottawa, Heinrich; Thierau, Heike (2003): Lehrbuch Evaluation. 3., korrigierte Auflage, Bern et al.: Verlag Hans Huber.

WSF Wirtschafts- und Sozialforschung (2007): Analyse der Wirkungen von LEONARDO DA VINCI Mobilitätsmaßnahmen auf junge Auszubildende, Arbeitnehmerinnen und Arbeitnehmer sowie der Einfluss sozioökonomischer Faktoren. Untersuchung im Auftrag der Europäischen Kommission Generaldirektion Bildung und Kultur. Kerpen, online, Zugriff unter: http://ec.europa.eu/education/pdf/doc218_de.pdf [30.05.2012].

Wulf, Christoph (1972): Vorwort. In: Wulf, Christoph (Hrsg.): Evaluation – Beschreibung und Bewertung von Unterricht, Curricula und Schulverhalten. München: R. Piper & Co. Verlag, S. 9 – 13.

Anhang

Anhang 1: „Kann-Beschreibungen" von Kompass

Abgerufen am 19.07.2012 unter:

http://www.europe-compass.eu/images/stories/downloads/compass-can-do-DE.pdf

Kann-Beschreibungen

"Spiele-Welt" / Fähigkeit zur Anwendung eigenen Wissens, Information und Technologien in einem kulturell anderen/eigenen Umfeld

Kompetenzbereich	Fremdsprachenkompetenz			Berufliche Fertigkeiten und Kompetenzen			Soziale Kompetenzen			Personale Kompetenzen		
Bezug	Fähigkeit zur Anwendung von Sprache, Symbolen und Text in einem andersartigen kulturellen Umfeld			Fähigkeit zur Anwendung von Wissen, Verfahren, Medien, Maschinen und Werkzeugen in einem andersartigen kulturellen Umfeld			Fähigkeit, in einem andersartigen kulturellen Umfeld mit anderen zu kooperieren			Fähigkeit, sich in ein systemartiges kulturelles Umfeld zu integrieren, um gesetzte Ziele zu erreichen		
Unterkategorie	Hörverstehen	Sprechen	Interaktion	mathematisch-wissenschaftliche Kompetenz	Medienkompetenz	technische Kompetenz	Fähigkeit, sich in Gruppen zu integrieren	Kooperationsfähigkeit	Fähigkeit zur Bewältigung von Problemen	Fähigkeit, im größeren Kontext und Ziele umzusetzen	Fähigkeit, eigene Initiativen und Zielen zu entwickeln	Fähigkeit, Grenzen zu berücksichtigen und für andere einzutreten zu können
Niveaustufe	A	B	C	A1	A2	A	G	H	I	J	K	L
1	Ich kann mir vorstellen auf andere Leuten Fragen zu ihrer Person stellen z. B. wie sie wohnen, was sie/Leute sie kennen oder was für Dinge sie haben – und kann auf Fragen dieser Art Antwort geben.	Ich kann mich verständigen, wenn die Gesprächsteilnehmer bereit sind, wenn die Dinge langsam und deutlich wiederholt werden und bereit sind zu helfen.	Ich kann einfache Berechnungen durchführen, um einfache Aufgaben zu lösen.	Ich kann für Text- und Tabellenkalkulation (üblichen Computerprogramme) und das Internet nutzen, um unter Anleitung Arbeitsaufgaben zu erledigen und Informationen zu suchen.	Ich kann mir unter Anleitung mit Werkzeugen und Maschinen arbeiten.	Ich kann Verhaltensweisen erkennen, die sich in einer meiner Kultur abweichen.	Ich kann in Gruppen mitwirken, jedoch werden die Verhaltensweisen von denen abweichen, die ich kenne.	Ich bin in der Lage, meinen eigenen Unterstützungsbedarf zu erkennen.	Ich kann die Bedeutung der eigenen Tätigkeit im Rahmen eines größeren Aufgabenstellung erfassen und die folgerichtigen Handelns und andere Aktionen einschätzen.	Ich kann den den eigenen Tagesablauf und Haushalt organisieren und Termine wahrnehmen, Abspracheen einhalten.	Ich kann meine Stärken und Schwächen in einem andersartigen kulturellen Umfeld realistisch einschätzen.
2	Ich kann Sätze und häufig gebrauchte Ausdrücke verstehen, die mit Bereichen von ganz unmittelbarer Bedeutung zusammenhängen (z. B. Informationen zur Person und zur Familie, Einkaufen, nähere Umgebung, Arbeit/Urlaub).	Ich kann mir einfachen Mitteln in einer vorsteilbaren Gebieten über Ausbildung, die unmittelbarer Umgebung und in Zusammenhang mit unmittelbaren Bedürfnissen und Arbeitsaufgaben beschreiben.	Ich kann mich in Gastland in den meisten Situationen in Alltag und Beruf verständigen, in denen es um Austausch von Information und Arbeitsaufgaben über vertraute oder geläufige Dinge geht.	Ich kann einfache Berechnungen durchführen, um eine Einführung eigenständige Aufgaben auszuführen und Routineprobleme in eigenem Arbeitsbereich zu lösen.	Ich kann einen Internet gebrauchen, um im eigenen Arbeitsbereich Aufgaben zu erledigen oder Routineprobleme lösen zu können.	Ich kann nach einer Einführung oder Anleitung mit Maschinen bedienen, die als Arbeitsverfahren anwenden, um vereinbarte Aufgaben selbständig auszuführen.	Ich weiß, wie man in einer Gruppe zurechtkommt.	Ich kann andere Aktivitäten unterstützen, die in einer Gruppe vereinbarte Aufgaben durchzuführen.	Ich bin in der Lage Hilfe zu gewinnen, um meine Probleme zu lösen.	Ich kann Aufgaben und geschäftlichen Aufträgen sorgfältig organisieren, differenziert im Umfeld und mit eigenen Erfahrungen vergleichen.	Ich kann mich in einer fremden Umgebung orientieren und passende Ziele selbständig erreichen.	Ich kann andersartige Verhaltensweisen und kulturbezogen respektieren.
3	Ich kann die Hauptpunkte verstehen, wenn klare Standardsprache verwendet wird und wenn es sich um vertraute Dinge aus Arbeit, Schule, Freizeit usw. geht.	Ich kann mich einfach und zusammenhängend über vertraute Themen und persönliche Interessengebiete äußern. Ich kann über Erfahrungen und Ereignisse berichten, Träume, Hoffnungen und Ziele beschreiben und zu Plänen und Ansichten kurze Begründungen oder Erklärungen geben.	Ich kann über Erfahrungen und Ereignisse berichten, Träume, Hoffnungen und Ziele beschreiben und zu Plänen und Ansichten kurze Begründungen oder Erklärungen geben.	Ich kann Verfahren für die Berechnungen und zur Fehlerdiagnose eigenständig anwenden, um in eigenem Arbeitsbereich Aufgaben zu erledigen und ähnliche Problematiken lösen.	Ich kann den Computer und das Internet selbstständig nutzen, um aktuelle Aufgaben zu erledigen und Problematiken zu suchen und weiterauszuwerten und einzusetzen.	Ich kann Werkzeuge, Maschinen und Arbeitsverfahren ausgewählt, um in eigenen Arbeitsbereich Routineaufgaben selbständig zu erledigen und Problematiken zu lösen.	Ich kann in gemeinschaftlichen oder nachbarschaftlichen Gruppe die eigene Rolle gestalten, für die Erledigung von Aufgaben zusammen zu stimmen.	Ich bin in einer interkulturellen Gruppe die eigene Rolle gestalten und mit anderen Personen abstimmen.	Ich kann bei der Bewältigung von Problemen, im Gastland mit andere selbstständig suchen und nutzen.	Ich kann bei der Beratung von Aufgaben für gültige Regeln und Vorschriften berücksichtigen.	Ich kann komplexere Situationen (wie Arbeitssuche, Behördengänge, Gesundheitsgespräch) selbständig erledigen.	Ich kann meine Stärken und Schwächen in einem neuen Umfeld eigenständig und objektiv einsetzen.
4	Ich kann im eigenen fachspezifischen Gebiet die Hauptinhalte komplexer Texte zu konkreten und abstrakten Themen verstehen und auch hintergründige Fachdiskussionen verstehen.	Ich kann mich zu einem breiten Themenspektrum klar und detailliert ausdrücken und einem aktuellen Anlass verständlich, dass ich normales Gespräch mit Muttersprachlern ohne größere Anstrengung auf beiden Seiten gut möglich ist.	Ich kann mich zu einer aktuellen Frage einem Standpunkt verständlich aussetzen und die Vor- und Nachteile verschiedener Möglichkeiten angeben.	Ich kann mathematische Verfahren anwenden und wissenschaftliche Erkenntnisse nutzen, um eine statistische bedeutende Aufgabe zu lösen.	Ich kann Computer und Internet zielgerichtet nutzen, Daten zu analysieren und zu präsentieren, um eine kreative Lösungen für spezifische Probleme zu finden.	Ich kann Werkzeuge, technische Maschinen und Arbeitsverfahren ausgewählt anwenden, um auch unvorhergesehene Problemstellungen in eigenem Umfeld oder Arbeitsbereich zu lösen.	Ich kann mich konstruktiv an der Planung gemeinschaftlicher oder arbeitsbereichsbezogenen Aktivitäten beteiligen.	Ich kann Anregungen und Einwände anderer Personen bei der Planung der Arbeiten im Alltag und Berufsbereich beachten.	Ich kann andere bei der Lösung von Problemen helfen.	Ich kann gemeinsame Erkenntnisse zur Kulturellen und die Bedeutung kultureller und gesellschaftlicher Gegebenheiten, Regeln und Vorschriften zur Lösung von Problem- und Aufgabenstellungen nutzen.	Ich kann in der Lage, in einem anderen Land die Lösung komplexer Probleme zu planen.	Ich kann eigene Standpunkte vertreten, andersartige Sichtweisen akzeptieren, Konfliktsituationen erkennen und eigenständige Kompromisse entwickeln.
5	Ich kann ein breites Spektrum anspruchsvoller, längerer Texte verstehen und auch hintergründige Bedeutungen erfassen.	Ich kann mich spontan und fließend ausdrücken, ohne öfter deutlich erkennbar nach Worten suchen zu müssen. Ich kann die Sprache im gesellschaftlichen und beruflichen Leben oder in Ausbildung und Studium wirksam und flexibel gebrauchen.	Ich kann die Sprache im gesellschaftlichen und beruflichen Leben oder in Ausbildung und Studium wirksam und flexibel gebrauchen.	Ich kann umfassende mathematische und wissenschaftliche Kenntnisse anwenden, um für abstrakte Problemstellungen im eigenen Arbeits- oder Lernbereich kreative Lösungen zu entwickeln.	Ich kann das Gastland betrifft interne Informationen kritisch prüfen und wissenschaftlich, aktuell und abstrakte Problematiken in eigenem Arbeitsbereich zu lösen.	Ich kann die Funktion von Werkzeugen, Maschinen und Arbeitsverfahren anderen Personen erläutern und bei der Lösung zur Lösung unvorhersehbare Problemstellungen in eigenem Arbeitsbereich einsetzen.	Ich kann die Leitung von Gruppen oder Teams übernehmen.	Ich kann Menschen verschiedenen Kulturen bei der Gestaltung von Aufgaben anleiten.	Ich bin in der Lage, in einem anderen Land die Lösung komplexer Probleme zu planen.	Ich kann andere Personen über die Bedeutung kultureller und gesellschaftlicher Gegebenheiten, Regeln und Vorschriften im Gastland unterrichten.	Ich kann alternative Problemlösungen entwickeln, ihre geeigneten Zielsetzungen auch gegen Hindernisse erreichen.	Ich kann mich als selbstverpflichtet sich in einem Gastland bei der Rechte andere einzunehmen.
6	Ich kann praktisch alles, was ich lese oder höre, mühelos verstehen.	Ich kann mich spontan, sehr flüssig und genau ausdrücken, auch Informationen aus verschiedenen schriftlichen und mündlichen Quellen zusammenfassen, dabei Begründungen und Erklärungen in einer zusammenhängenden Darstellung wiedergeben.	Ich kann in Diskussionen auch feinere Bedeutungsnuancen verdeutlichen.	Ich kann mathematische Erkenntnisse nutzen, um innovative Lösungen für nicht vorhersehbare und spezielle Problematiken anzuwenden in eigenem Arbeits- oder Lernbereich zu finden oder zu präsentieren.	Ich kann informationstechnologien anwenden, um innovative Lösungen für nicht vorhersehbare und spezielle Problematiken anzuwenden in eigenem Arbeits- oder Lernbereich zu finden oder zu präsentieren.	Ich kann umfassende Kenntnisse und Fertigkeiten bei der Nutzung von Werkzeugen, technischen Maschinen und Arbeitsverfahren bei speziellen Problemen zu finden oder präsentieren.	Ich kann mit Menschen anderer kultureller Herkunft zur Befriedigung in Gruppen und Teams motivieren.	Ich kann Menschen mit anderer kultureller Herkunft bei gemeinsamer Erledigung von Aufgaben anleiten und planen.	Ich kann in einem anderen Land Entscheidungsverantwortung bei der Lösung von Aufgaben- und Problemlagen übernehmen.	Ich kann die Bedeutung kulturell und gesellschaftlich Entwicklungsprinzipien bei der Planung und Entwicklung von Aufgaben- und Problemlösungen einschätzen.	Ich kann andere Lebensgewohnheiten, im Sinne der von mir vertretenen Zielsetzungen zu handeln.	Ich kann zwischen Menschen unterschiedlichster kultureller Herkunft interessenausgleichend handeln.

Anhang 2: „Common Framework for Europe Competence"

Abgerufen am 23.07.2012 unter:

http://ftp.infoeuropa.eurocid.pt/database/000046001-000047000/000046835.pdf

Common Framework for Europe Competence (CFEC)

Credit level:	1	2	3	4	5	6
Domain EIO-1 — I am an informed European citizen who can access, process and evaluate knowledge relevant to Europe and the wider world, and act upon it.	I have basic knowledge of the geography in Europe and a general idea of European history. EIO-1.1.1	I have an idea of the variation within Europe (per country: natural condition, size of population, language, affiliation to EU or other supranational institutions). EIO-1.2.1	I understand shared concepts such as democracy, citizenship and the international declarations expressing them. EIO-1.3.1	I understand the structure and function of European and international institutions (EU, CoE, UN, Nato etc.; in relation to each other and to national/regional affairs). EIO-1.4.1	I have informed opinions on the whole process of European integration and the social / economic / environmental problems which arise from that, for Europe and the wider world. EIO-1.5.1	I know in which fields European and international institutions exert an important influence, and can explain the consequences for citizens, giving concrete examples. EIO-1.6.1
	I can collect and organize general information on Europe and the wider world. EIO-1.1.2	I can collect and organize information on current European and international affairs. EIO-1.2.2	I can give an outline of the history of European integration, and can relate European key figures to certain events. EIO-1.3.2	I can access and process information from different foreign media about topics with a supranational / international dimension. EIO-1.4.2	I can relate the values Europe stands for (such as: peace, democratic decision-making, separation of religion and state, economic prosperity) to what they mean to me personally (my rights and responsibilities). EIO-1.5.2	I can defend my opinions on European affairs in discussions with others with well-informed arguments. EIO-1.6.2
	I am aware of the principles of democracy in European countries. EIO-1.1.3	I can share knowledge with my classmates on my own country (politics, geography, economics, history, science and technology, culture / national heritage) in relation to Europe. EIO-1.2.3	I can share knowledge about a broad range of European countries with other students abroad. EIO-1.3.3	I form my own opinion about critical European and international issues (such as enlargement, constitution, globalisation etc.) and the consequences for citizens. EIO-1.4.3	I take an active role as a European citizen at school and in the community. EIO-1.5.3	I have an idea of the importance of lifelong learning and the steps to take towards personal fulfilment, active citizenship and employability in Europe. EIO-1.6.3

Credit level:	1	2	3	4	5	6
Domain EIO-2 — I can communicate effectively and cope in everyday life in a European / international setting.	I know how friends in other countries communicate with each other, about which topics, and can join in. EIO-2.1.1	I know how daily life in a family in another country is structured. EIO-2.2.1	I know how family and friendship relations in another country work. EIO-2.3.1	I am aware of rules and responsibilities of students at a foreign partner school and in the local community. EIO-2.4.1	I find my way to institutions in the partner schools' city or region that provide information about living and working in the community. EIO-2.5.1	I know how to access international information about how to live, study and work in another country. EIO-2.6.1
	I am aware of the diversity of languages in Europe and beyond and know basic aspects of at least two languages other than my mother tongue. EIO-2.1.2	I try to learn the basics of a language other than my mother tongue (and other than the common language of communication) of a partner student. EIO-2.2.2	I can express my own opinions, needs, feelings and communicate coherently about them in a common language of communication with my peers from other countries. EIO-2.3.2	I can apply different communication styles in a common language of communication to different intercultural settings. EIO-2.4.2	I can identify and interpret explicit or implicit values in my own or others' communication in a common language. EIO-2.5.2	I can discuss controversial international issues with people from other backgrounds in a common language, while acknowledging differences in norms and values. EIO-2.6.2
	I can connect with persons from Europe and other parts of the world. EIO-2.1.3	I can show respect (verbally and nonverbally) for the opinion of persons from a different cultural background. EIO-2.2.3	I can talk about how stereotypes and discrimination work, in a multicultural group. EIO-2.3.3	I can adapt to other ways of communication during a stay abroad, without giving up my own identity. EIO-2.4.3	I am confident in my communication with others in a common language (even if I make mistakes) while I try to improve further. EIO-2.5.3	I feel motivated and prepared to take initiative towards future study and work in a European / international setting. EIO-2.6.3

Credit level:	1	2	3	4	5	6
Domain EIO-3 — I can collaborate constructively with peers from other countries on a common thematic task or project.	I know sites and expressions of common language or world heritage in my country and the country of my peers. EIO-3.1.1	I can find and compare with peers information from our countries on selected consumer affairs (such as price levels or protection of consumers' rights). EIO-3.2.1	I can find and compare with peers information from our countries on selected European and international topics. EIO-3.3.1	I can find and compare with peers information from our countries on our national attitude towards selected European and international topics. EIO-3.4.1	I know which topics cannot be solved on a national scale, and research one topic in its European and global dimension across several countries, together with peers. EIO-3.5.1	I can find out and evaluate together with peers abroad where and how I can continue my studies internationally. EIO-3.6.1
	I can use e-mail to present myself and my interests and hobbies and request the same information from my peers in other countries. EIO-3.1.2	I am an internationally computer literate, and use the Internet for chats, forums, searches within a common project with peers abroad. EIO-3.2.2	I know how to negotiate and act according to a 'code of conduct' during exchanges with partner students abroad or online. EIO-3.3.2	I can carry out and evaluate tasks together with students from other countries, in face-to-face meetings (abroad or via skype or video-conferencing). EIO-3.4.2	I can participate actively in planning and running a new project with groups/teams of students and teachers from other countries. EIO-3.5.2	I can contribute actively to the project management and administration of international activities in an educational setting. EIO-3.6.2
	I show interest and respect for others in Europe and the wider world. EIO-3.1.3	I am aware that how persons from other cultures act, might arise from different norms and values than my own. EIO-3.2.3	I exchange my opinions about European and international affairs with students from other countries, and learn about different points of view. EIO-3.3.3	I can cope with problems arising in collaboration with students and teachers from other countries. EIO-3.4.3	I initiate and organize an individual learning period (such as a course or internship) abroad. EIO-3.5.3	I participate actively in debates, simulations or other events in the public domain in Europe and the wider world. EIO-3.6.3

Credit level:	1	2	3	4	5	6
Domain EIO-4 I can work and learn in an informal and work-related context and demonstrate entrepreneurship in a European / international setting.	I recognize that I am learning constantly outside of the school environment. EIO-4.1.1	I realize I can use informal learning experiences in my formal education. EIO-4.2.1	I know how to use basic-aspects of my international informal learning to support my formal learning. EIO-4.3.1	I am able to reflect on my informal learning with a peer and formulate new learning objectives. EIO-4.4.1	I am able to transfer informal learning outcomes to formal internal/external accreditation. EIO-4.5.1	I can formulate my own learning objectives and organize my own learning context. EIO-4.6.1
	I am aware of the value of work-related programs for my future. EIO-4.1.2	I actively participate in work-related programs virtually or face-to-face. EIO-4.2.2	I use my international work-related learning experiences to support my formal learning program and my international understanding. EIO-4.3.2	I am able to reflect with adults as my professional peers on my work-related learning outcomes and define new objectives. EIO-4.4.2	I use work-related learning outcomes to support formal accreditation. EIO-4.5.2	I use work-related learning to help me formulate in depth and independent study or research. EIO-4.6.2
	I am willing to work as a part of a team on new ideas. EIO-4.1.3	I am able to help solve basic problems, work individually or in teams, help make some decisions and exploit resources which are available to me. EIO-4.2.3	I am able to take opportunities to be creative and develop ideas which have value to myself and others. EIO-4.3.3	I am able to develop ideas in an international context and transform these ideas into effective plans and implement these plans successfully. EIO-4.4.3	I am able to transform ideas into activities, define the risks and develop proper actions to avoid these risks. EIO-4.5.3	I develop concepts, take risks and understand the ethical, environmental and economic consequences involved in my choices. EIO-4.6.3

N.B. : international could also mean "international dimension"

© Elos, MT, version May, 2010

Autorenprofil

Daniel Wörndl, Dipl.-Hdl. wurde 1983 in Berlin geboren. Der Autor lebte und arbeitete bereits für längere Zeit in Frankreich, den USA und Argentinien, woraus sich sein enger Bezug zum Thema der transnationalen Mobilität ergibt. Seine fachlichen Qualifikationen erwarb er durch das Studium der Wirtschaftspädagogik an der Universität zu Köln sowie durch die Mitarbeit am universitätseigenen Evaluationszentrum.